U0154408

德國
政治文化之發展

The Development of
Political Culture in Germany

●葉陽明 著

五南圖書出版公司 印行

自序

　　德國政府與政治的研究歸屬政治學比較政治次領域內歐陸各國政府與政治的研究範圍。由長久以來歐陸政治發展的史實足以肯定,位居歐陸心臟地帶的德國扮演了不僅影響歐陸政治發展動向,甚至決定歐洲政治命運的關鍵角色。若欲掌握錯綜複雜的歐陸政治演進歷程,深入瞭解其前因後果和來龍去脈,則從研究德國政治發展出發,應該是必要且切合目的的途徑。由此也彰顯出德國政治研究的學術價值之所在。

　　作者基於 1975 至 1983 年留學於德國、專攻政治學及德國政府與政治的背景和學術養成,借助於二十餘載任教國立政治大學政治學系期間從事研究所獲得的研究心得和成果,深刻意識到德國政治研究在比較政治上的重大價值,乃自我期許,有系統地針對德國政府與政治領域內一系列具有研究價值的重要議題,撰寫專書。以此為職志,繼《西德政黨論》(1990 年),《德國問題與兩德統一》(1999 年)以及《德國憲政秩序》(2005 年)三本專書出版後,現階段則選定德國政治文化發展為發表專書的主題。

　　為了達到詳實和完整論述德國政治文化發展進程及其現象特點之目的,論述時尤其著重深入鑽探戰後「德意志聯邦共和國」(以下簡稱:聯邦共和國)在 1990 年德國統一前、後的政治文化發展及變遷,作者根據德國政治文化發展的事實真相,從宏觀角度體察其前因、演變及後果,首先將德國政治文化發展的起點,追溯到西元 10 世紀中期崛起的「德意志民族之神聖羅馬帝國」時代的中古

政治情境。由這個決定德國政治文化根深柢固傳統的歷史關鍵期出發，以縱、橫交叉、貫穿史實方式來透視德意志民族國家發展歷程中前後相隨的重要時期之政治文化現象，其中包括：第一次世界大戰前「威廉／俾斯麥德意志帝國」、戰後「威瑪共和國」與「國家社會主義工人黨第三帝國」、第二次世界大戰後德國分裂時期的聯邦共和國（通稱：西德）、德國再統一、統一後從「波昂共和」邁入「柏林共和」、21世紀柏林共和。所謂縱、橫交叉方式，意思即指：縱向分析如前所點出的自中古、經近代、至現代政治文化發展史的脈絡；同時橫向闡釋每個時代政治文化表現的風貌和特質。

　　作者力圖善用政治文化研究上相關的政治學基本概念、理論及研究途徑，依據多方來源、高可信度和完整度的參考文獻，秉持求真探實和獨立創見的治學態度，竭盡心力撰成本書。出自作者本身的觀點與立論，對此理應自我負責。倘有未盡周全之處，尚祈學界先進不吝指正。

葉陽明 謹識

中華民國九十八年五月
於台北小城

目次

圖目次

表目次

前言

撰書動機

　　作者撰寫本書發自於兩個動機。第一個動機與個人的學術認知有關，作者體認到政治文化（Political culture）的鑽研，對於德國政府與政治體系的研究，具有基礎結構性的重大意義。若忽略對聯邦共和國政治體系精神基層面（即指：立憲與立國精神、民族情操與公民特質，尤其是政治文化）的研究，則對其上層結構（如：憲政組織機關、聯邦制國家組織型態、聯邦與各邦憲政機關、政經與社會制度及其政策等問題）的探討，將欠缺解析和評斷時的必要出發點，而出現論述空洞、沒有立足點的缺失。論及第二個動機，則起自於對國內長久以來鮮見有關德國政治文化專題探討的感嘆。早期，國內比較政治學門領域德國政府與政治專論，原本便鮮見可貴。晚近，在質與量皆有提升的德國政治研究表現中，學者們往往偏向憲政體制、兩院制國會、內閣制政府、立法權與行政權制衡、外交與安全政策、德國統一問題以及德國與歐洲聯盟（以下簡稱：歐盟）關係等議題的探討。於此同時，政治文化重要環節幾乎被漠視或遺忘。有鑒於此，作者選擇德國政治文化發展為研究主題，撰文論述。

內容綱要

　　本書中，將就德國政治文化之發展涵蓋的五個重要相關議題以七大章進行論述：第壹章，指出德國政治研究中探討德國政治文化的意義；第貳章，闡釋多位著名政治學者對「政治文化」名詞（概念）意涵的釋義；第參章，回顧第二次世界大戰前德國傳統的政治文化；第肆章，探討傳統政治文化的特點及其影響；第伍章，精論東、西德統一前的聯邦共和國政治文化；第陸章，深究德國再統一後的聯邦共和國政治文化[1]；第柒章，評斷德國政治文化發展中的持續與變遷。其中，第伍至柒章構成本書內容的核心。至於第伍、陸兩章，則擴及三個前後相互銜接的政治文化發展過程，便是：其一，西德波昂共和政治文化；其二，從波昂共和邁入柏林共和的過渡時期政治文化（1990-1999 年）；其三，德國柏林共和政治文化（2000 年迄今）。

理論及研究途徑

　　基本思考聚焦於將德國政治文化視為一種持續發展中呈現變遷

---

1 作者採用「東、西德統一」或「德國再統一」名詞，視此兩者在意涵上相同。1871年，歷史上德國在俾斯麥領導下完成以「德意志帝國」為國號的國家統一，基此締造出第一個德意志民族國家。戰後德國分裂為東、西兩個德國。西德（即為德國再統一前的聯邦共和國）政局被德籍學者如社會學「法蘭克福學派」大師哈伯瑪斯（Jürgen Habermas）稱為「後民族格局」（Postnationale Konstellation）。探究其意，應該是指：西德為繼威廉一世／俾斯麥「德意志民族國家」之後的「後民族國家」。鑑於1871年德國統一，1990年秋兩德統一，自然可視為德國再統一。

的演進過程。為了掌握此一進程，擬參用政治學規範、經驗及辯證批判理論三大研究途徑方法。

規範理論及其研究途徑

　　規範理論探尋政治的應然狀態。基此，政治秩序或現象被以特定的標準來衡量其符合應然上所要求的程度。此外，規範論試圖發掘並實現政治的價值與理想，藉以建構一個善治的政局。規範論者對研究主題著重於以價值評斷為導向的論述。

　　實際運用時，可由規範論研究途徑，探討以下四個重要問題：1. 健全的德國民主政治應該具備何種類型政治文化？2. 德國政治文化的討論對該國政治研究有何價值？3. 規範論對政治文化概念作何解釋？4. 採用一個憲政民主國家對成熟的政治文化及健全的公民社會所要求的標準，去衡量聯邦共和國政治文化的實際表現，其間相符合的程度如何？

經驗理論及其研究途徑

　　經驗理論解釋政治的實然狀態。經驗論依據事實，借助其以歸納法所建立的通則系統（科學理論），論析政治現象個案的實存真相，並以演繹法檢證理論在解釋個案上的適用度。據此，經驗理論及其實證方法的應用不在於對研究主題作出研究者偏主觀的價值判斷，而僅對問題作出事實狀態的研析。換言之，經驗論者秉持「價值中立」態度及「交互主觀」原則，採用符合科學客觀論證的方

法，不問政治秩序的良窳，僅研究問題的事實真相及其因果關聯。

　　在實際運用時，可循本研究途徑探討以下三個重要問題：1.如何以事實論述及可操作性為導向，對政治文化概念意涵予以界定？2.從發展實況看，德國政治文化，尤其是聯邦共和國政治文化的特質與表現如何？3.波昂共和與柏林共和治理期內，尤其是統一後政治文化，在持續發展中呈現出什麼樣的變遷？持續與變遷的成因為何？

辯證批判理論及其研究途徑

　　政治學批判論研究途徑與辯證論相結合，故而學者有稱之為「辯證批判理論」者，亦有名之為「歷史辯證理論」者[2]。作者在本書採用前者名稱。辯證法認為，世界上的所有事物和現象皆是處在不斷運動、變化和轉化的過程中；事物和現象都有普遍的聯繫性；聯繫與發展的實質在於事物和現象自身的內在矛盾性及對立性。就對立面而言，從辯證觀點看，可謂既是對立，又為統一。此項「矛盾統一」定律，亦即：「正－反－反－正（統一）」之規律，為所有運動、演化和發展的真正源泉。[3] 批判論者結合辯證論，試圖揭發政治現象在演化過程中所呈現的內在矛盾、對立和衝

---

2 前者如：海德堡大學政治學教授馮百默（Klaus von Beyme）等；後者如：麥爾（Herbert Maier）、史坦門（Theo Stammen）、沈克哈斯（Dieter Senghaas）等。
3 參閱廖蓋隆／梁初鴻／陳有進／江夏主編，1992，《社會主義百科要覽》，上冊，人民日報出版社，頁128。

突所在，並以科學社會主義的政治學與社會經濟學原理來批判之。[4]

在實際運用時，可經由辯證批判論研究途徑，探討以下五個重要問題：

1. 戰後初期，聯邦共和國政治文化從過去臣服型文化向參與型文化逐漸轉型的同時，憲政民主體系中是否仍然潛伏著對抗自由、民主基本價值以及反多元、開放的全民參與型民主社會之力量？此股勢力是否為戰前釀成威瑪共和亂象的極左與極右政黨之延伸，或納粹德國極權統治時期種族主義及反猶太主義行動化的持續？若吾人肯定此類反體制力量猶然存在，則政治體系中呈現出哪些對立與矛盾？其真相及發展如何？激進政黨及其相關組織的活動對西德基本法憲政秩序是否造成危害？對此局面，民主政治體系如何因應？

---

4 相關方面，馮百默進一步指出：在與經驗理論及其實證方法的對質中，辯證批判理論主張以下四項基本原則：一、政治理論建立的出發點起自於對政治及社會現象與歷史發展間互聯性的思辯，而端視理論主要的功用在於對政治及社會現象的批判與其反思。在肯定「人類社會性存在」與「人的思維及意識」間有著同一性（Identity）的大前提下，辯證批判理論試圖將其專屬概念界定到吻合政治與社會發展現狀的境地，並揭發其中所存有的矛盾現象，藉由理論反映政治及社會現狀來排除理論與歷史發展間的區隔。二、辯證批判理論在對總體性（Totality）的思維脈絡中來檢視林林總總的個別政治現象；總體性一詞意謂：總體對局部或個體享有全面性的主宰力。基此，辯證批判論者質疑德籍經驗理論大師波佩（Karl Popper）對「法則」概念運用上過於狹隘的方式。可理解的是，針對經驗論者以實證方法建立的所謂嚴謹性「科學理論」，辯證批判論者同樣大不以為然。因為依後者之見，科學理論充其量祇不過是所謂可演繹的法則系統而已，頗受制約於對個別現象的解釋，而無法揭露其中存在的矛盾和對立。此外，科學理論不僅未與人類歷史演化相結合，而且也缺乏對其本身內涵及本質應有的反思。三、辯證批判理論反對運用自然科學方法來研究以人為主體的政治與社會問題，因為自然科學研究的對象是物性的自然現象，而不是人類社會。批判理論視社會結構本質上為意識結構（例如：階級、人民、家庭）；此類元素不得被物化，而社會科學的任務便是去除其研究對象（即為：政治與社會）的物化。四、經驗政治理論置重點於探究政治體系自保及漸進式變遷的條件。相對於此，辯證批判理論反問，歷史發展過程中政治與社會現象內在存有哪些交錯性的矛盾？
以上論述節錄自Klaus von Beyme 1980 Die politischen Theorien der Gegenwart, R. Piper& Co. Verlag, München, 頁54-56。

2. 西德立國後，保守的右派政黨「基督教民主聯盟／基督教社會聯盟」[5]執政為期長達二十年（1949 至 1969 年）；在參與型政治文化持續成長的同時，如此生成的保守政風是否成為激發人民或其他政黨要求國家政治徹底改革、社會進步創新的一個主要原因？果真如此，則執政者的守持不變與在野黨的求新求變，形成了正、反的對立，而對內政措施與外交政策應予改革的強大訴求，便可視為體制內反對保守政府政策守舊不變的強勢力量。

3. 1970 年代中期後生成的所謂「新社會運動」，係由西德資本主義後工業社會中各類社團及民間組織所釋出的全面性新訴求及相關行動所構成。新社會運動下的自然生態保育運動、人類生存環境保護運動、反戰反美反核運動、綠色和平運動及新婦女運動的發展，在現實政治上，導致西德生態政黨「綠黨」（Die Grünen）的崛起。針對中間偏左與中間偏右政黨[6]在治國能力上皆表現出的弱勢，綠黨的反傳統型政黨之組織結構與特立獨行之活動，是否可視為體制內與傳統建制型政黨對立的一股新政治勢力？綠黨自命為「選擇性政黨」；該黨是否真能扮演好一個提供選民另類較佳選擇、取代建制型政黨執政、以達成福國利民目標的理想政黨之角色？

---

5 「基督教民主／社會聯盟」原本是兩個各自獨立的保守右派政黨，分別為「基督教民主聯盟」（簡稱：基民聯盟）（Christlich-Demokratische Union；CDU）與「基督教社會聯盟」（簡稱：基社聯盟）（Christlich-Soziale Union；CSU）。由於兩黨政治理念及目標基本上一致，且政策主張相近，是故，自聯邦共和國建立以來，在聯邦層級聯合執行，早已成為常態。此外，兩黨於聯邦議會中以「黨團共同體」的態勢，密切合作，聯袂推動國會政治。因此，兩黨堪稱姊妹黨，黨名慣常被併合，寫成「基督教民主／社會聯盟」（CDU／CSU）。然而，兩黨有各自得的黨務活動範圍，基民聯盟活動於除了巴伐利亞邦以外的德國其他所有邦；基社聯盟則僅在巴伐利亞邦活動。

6 中間偏左政黨即指：「德國社會民主黨」（簡稱：社民黨）（Sozialdemokratische Partei Deutschlands；SPD）與中間偏右政黨即指：基民聯盟、基社聯盟和「自由民主黨」（簡稱：自民黨）（Freie Demokratische Partei；FDP）。

4. 統一後國家發展過渡期內,不乏德東人民內生「次等國民」心態的主要原因?該地區呈現出疏離西方民主政治文化的背景因素為何?社會主義政治文化殘存下的德東與參與型政治文化持續發展下的德西之間的疏離及矛盾何在?

5. 柏林共和在「國族」育成、「常態性」自我理念啟動以及「新愛國主義」方興未艾下,是否存有反民主的政治勢力?

面對前文中在理論及其研究途徑指引下所考量到的一系列問題,作者嘗試透過下文的論述,進行重要部分選擇性的探討。

第壹章

德國政治研究中探討德國政治文化的意義

　　儘管少數德籍政治學者在以聯邦共和國政府及政治為名稱的專書中，沒有述及政治文化所涵蓋的公民個人政治態度、信念、行為偏向以及全民國家認同等相關議題[1]，但是，無庸置疑者，在對憲政民主國家的政治發展從事研究時，政治文化的研究確實為不可或缺的環節。

　　政治文化生成、發展和變遷於一國在演化進程中所處的特殊政治情境和特有民族本質。從比較政治觀點看，國與國間在國情及民族性上的差異性頗大，如此一來，各國自然表現出不同型態的政治文化。由此觀之，環境客觀性的國家政情影響並決定了人為主觀性的政治文化。相對而言，具有公民對政治認知、感受及價值評斷要素的政治文化，以其實際表現的態勢，同時也形塑著國家的政治發展。本此觀點，政治文化的表現與一國的政治發展間，存有一種密切的交互影響關係。

　　政治學領域比較政府與政治次領域中，政治文化研究具有重大意義。政治文化在一個民族國家特有的文化體系中，由於它對國家發展產生深遠的影響力，是故占有相當重要的地位。就巨觀角度而言，它不僅呈現出該國民族精神與政治信念的整體和特質，而且也彰顯出其全民對政治的態度偏向；此種精神層面的因素強力

---

1 舉其例如：賀塞（Joachim Jens Hesse）與艾爾文（Thomas Ellwein）合著專書：J. J. Hesse／T. Ellwein 1992 Das Regierungssystem der Bundesrepublik Deutschland, Band I: Text, Westdeutscher Verlag, Opladen.

地影響、甚至決定著國家政治體系的運作及國家發展方向。另方面，從微觀角度來看，它彰顯出公民個體對政治事務及政局現狀的態度，從而反映出民意對政府及其施政的支持程度和民意趨向。民主政治的本色，除了突顯於法治政治與責任政治以外，還體現在同等重要的民意政治。

　　以德國為實例而論：若不深究早期德國政治文化的特質及文化中具有傳承性的力量和因素，則如何能充分解釋德國在20世紀前共和民主體制遲遲未能誕生的原因？若不探討「威瑪共和國」（Die Weimarer Republik）的政治文化？則如何能解釋由希特勒（Adolf Hitler）極權統治的「德國國家社會主義工人黨之德國」（Das Nationalsozialistische Deutschland）（以下簡稱：「納粹德國」或「第三帝國」）之崛起及其為德國人帶來的空前浩劫？若不研究二戰結束後、自由民主的聯邦共和國[2]建立前的政治文化，則又如何闡釋「聯邦共和國基本法」（Das Grundgesetz für die Bundesrepublik Deutschland）（以下簡稱：基本法）憲政體制賴以建立的立國基本原則？以及詮釋其憲政民主秩序的精神基礎？至於聯邦共和國特有的合作型聯邦制、多黨合作與競爭的政黨體系及穩定的政黨政治、積極的公民政治參與及踴躍的投票行為、發達的代議民主政治、內閣制政府下立法權與行政權合憲的互動與制衡、合憲合理的聯邦與各邦分權、基本法確保的各邦自主及地方自治、普遍落實的各邦直接民主、增長中的人民國家認同、益加成熟的公民社會、活絡的公民自願社會參與等現象，則皆屬於現代德國政治體系的基本特徵。凡此特徵，同樣需要將德國自20世紀中期以降的政治文化發展及變

---

2 國內部分學者採用「聯邦德國」的簡稱。作者則使用德國政府官方及學術界慣用的簡稱：「聯邦共和國」（Die Bundesrepublik）。

遷,來定為解析的出發點。對現代德國憲政民主及多元社會的解釋,政治文化成為重要的起點。

除了以上關於意義的論述以外,此處還宜指明一個基本前提,便是:本文主題中所稱的「德國」,在1949年後是指「德意志聯邦共和國」。據此,作者以聯邦共和國自1949年建國至德國統一前的政治文化表現為論述的子題之一。本書旨趣不在泛述德國民族逾千年以來與政治文化相關的政治演變歷程。儘管如是,仍需肯定的事實是,現代德國政治文化發展呈現出其世代傳承性、持續發展性和演化變遷性。在戰後聯邦共和國政治文化與戰前德意志民族長期以來政治精神及態度表現兩者之間,必然存在著前因後果、不可分割的關聯性。是故,當探討戰後政治文化議題之時,絕不宜切斷它與戰前長期政局變動的發展脈絡。換言之,從事德國政治文化研究之人,不應該採取重新歸零的作法;意思即指,從政治文化發展自零時啟動的觀點,開始著手探究聯邦共和國的政治文化,而無視過去歷史中德國的情境。[3]

顧及於此,在進入聯邦共和國政治文化的論述之前,宜回溯到確實影響或決定聯邦共和國政治文化生成和發展的歷史時刻及其情境中,以此定為起點,去檢視當時德國的時空背景、政治社會、經濟物質環境,以及在此類客觀條件使然下,德國人民個人、團體及德意志民族整體對國家統治和政治局面所抱持的特殊感受、認知和價值評斷。諸如此類皆屬於在問題解析上不容忽略的主、客觀要件,應該被視為直接或間接影響聯邦共和國政治文化育成、而在歷史上產出的傳統因素和價值。

---

3 參閱Heinz Rausch 1980 Politische Kultur in der Bundesrepublik Deutschland, Colloquium-Verlag, 頁16。

第 貳 章
「政治文化」學術名詞意涵的釋義
及其討論

　　本章探討關鍵名詞「政治文化」概念的意涵。為此目的,德、美兩國知名政治學者[1]針對「政治文化」一詞的釋義,深具參考性、啟發性和互補性。社會科學領域應無權威地位的樹立,或絕對主義的認可。基此,一個完美無瑕的名詞釋義是不存在的。儘管高知名度的政治學者,比如:艾爾蒙(Gabriel A. Almond)和費爾巴(Sidney Verba),彼等對政治文化的釋義內容之被引用率或許可謂最高,卻亦無權主張,其本身的定義獨具代表性、普遍適用性及解釋力。是以,德籍學者羅俄的見解被納入本章中討論,藉以充實艾爾蒙和費爾巴的釋義。如此一來,概念意涵的界定經由互補,而可益趨完整。下文中,分別指出重要學者對政治文化概念意涵的解釋。

一、艾爾蒙與費爾巴對政治文化概念的釋義

　　如前所述,艾爾蒙與費爾巴對政治文化的釋義廣獲國際學界採用。艾爾蒙認為,政治文化雖然不是一種理論,但是卻內含著一

---

1 舉其部分學者如:美籍學者:艾爾蒙(G. A. Almond)和費爾巴(S. Verba);德籍學者:葛拉伯(Manuela Glaab)、寇爾特(Karl-Rudolf Korte)、葛萊菜哈根(Martin Greiffenhagen)、羅俄(Karl Rohe)及嘎伯瑞(Oscar W. Gabriel)等。

組可運用來建立理論的變項。政治文化內涵的變項之解釋力，係
屬於經驗政治研究的問題，是故具有開放性，有待提出相關的假
設和付諸檢證。[2] 至於從社會科學觀點來定義政治文化概念者，則
為艾爾蒙。因此，艾氏對此概念的界定，相當值得學界參考和運
用。艾爾蒙在早期由美籍學者帕森斯（Talcott Parsons）編著的專書
中，將政治文化名詞概念化，定義為：『一國民眾或次團體成員對
政治現象所表現出的定向（orientations），定向包括三方面：認知
（cognitive）、偏好（affective）及評斷（evaluative）。』[3] 同時，
艾氏還建議性地提出若干關於政治文化的假設，以嘗試解釋英、
美、歐洲大陸國家及極權國家間政治體系表現上的差異性。此外，
他援引當時另一位學者貝爾（Samuel Beer）的觀點，指出：『政治
文化取決於一國人民對政體及其運作過程的態度和立場；其中備
有：一個信念系統（亦即：認知地圖）、一種評斷政體運作的方法
以及一組外顯的徵兆。』[4]

　　針對與政治文化概念相關的「公民文化」概念（Civic
culture），艾爾蒙認為，公民文化與民主政治穩定間有著密切的關
聯性；前者被視為達成後者目標的必要資產。依艾氏之見，公民文
化概念一方面意謂：一國公民全體對政治事務、過程及體系的認
知、感受及價值定向；另方面意指：公民作為政治的參與者，對其
自身角色、政黨、選舉及行政官僚體系等的認知、感受及價值評
斷。[5]

---

2 參閱Gabriel A. Almond／Sidney Verba 1980 The civic culture an analytic study revisited, Little,
　Brown and Company, Boston Toronto, 頁26。
3 節錄G. A. Almond／S. Verba, 前引書, 頁26。
4 節錄G. A. Almond／S. Verba, 前引書, 頁26-27。
5 參閱G. A. Almond／S. Verba, 前引書, 頁27。

　　由以上論述看來，政治文化與公民文化在意涵上呈現高度的交疊性。於此同時，前者強調國民對政治的定向；後者則著重公民個體對政治的態度。就概念的涵蓋範圍而言，公民文化為政治文化所包羅。無疑，成熟的公民社會及其文化是參與型政治文化生成的要件，實有助於民主政治的穩定和鞏固。於此彰顯出公民文化的基本功能。

二、饒師對艾爾蒙概念的補充

　　德籍學者饒師（Heinz Rausch）[6] 在其所撰《德意志聯邦共和國之政治文化》（Politische Kultur in der Bundesrepublik Deutschland）專書中，特別援引艾爾蒙對政治文化概念的釋義，並加以補充。他首先論及「文化」一詞的意涵，指出：從文化人類學角度看，「文化」可被簡明理解為一個民族生活表現的全貌。相對於沒有文化薰陶的自然界狀態，人類社群具有文化的特質便彰顯出來。在德語操用習慣上，文化若與「政治」一詞結合使用，則對一般德國人而言，並不習以為常；相較於政治文化，大多機會被使用的是「政治風尚」用語。[7]

　　饒氏認定，以社會科學觀點來界定政治文化概念的意涵者，即

---

6 饒師1940年生，大學研究所時期在德國慕尼黑大學（以下簡稱：慕大）、福萊堡大學和瑞士日內瓦大學攻讀政治學、法律學及歷史學。自1968年後任職及任教於慕大政治學研究所（Das Geschwister-Scholl-Institut für die Politikwissenschaft an der Universität München），學術著作方向以聯邦共和國憲政民主體制運作、德國政治文化及代議民主政治為主軸。

7 參閱H. Rausch, 前引書，頁10。

為艾爾蒙。按照他對艾氏定義的詮釋，政治文化意謂：『一個政治體系中民眾對政治的態度、信念及感受；凡此要素皆會影響政治過程的發展，並凝聚成普遍可接受的基本立場及產出遊戲規則，進而引導著政治體系中所有行動者的行為表現。』[8] 據此，概念往往蘊涵特定的政治理想和有效的規範，而這些成份被視為民眾對政治措施所抱持的主觀心態及期待。廣義而言，甚至政治意識型態、民族精神、人民基本價值觀等元素皆可被納入政治文化概念意涵的範圍中。[9]

依饒氏的體察，艾爾蒙與費爾巴論述政治文化時，總是一方面強調公民個人對政治體系及其次體系的政治定向；另方面則著重於個人對他自身在政治體系中角色、態度及行為的認定。兩位學者共同研究中確認，政治文化既是一個政治體系內部民眾的認知、感受及價值評斷方式，又是政治定向在一國人民中的特有分配狀態。[10] 政治定向的產生，不僅基於政治制度及組織結構，而且也基於公民個人的意見、態度及價值評斷。至於影響定向生成的重要因素，則括及：當事者的家世背景、政治社會化、宗教信仰、人生經驗和歷練等要項。政治定向進一步可區分為三個面向，即為：認知、感受及價值評斷。這些與公民態度相關的面向，不僅針對整個政治體系、其中的成員和團體，以及社會對政治體系的要求（如：表達利益、參與政見凝聚的過程、選拔菁英等所謂「輸入項」），而且也針對體系運作的結果（如：國會議決、政府決策、行政措施、司法判決等所謂「輸出項」）而確立。[11]

8　節錄H. Rausch, 前引書，頁10。
9　參閱H. Rausch, 前引書，頁10-11。
10　同前註，頁11。
11　同前註，頁11-12。

　　值得深思的是，依政治定向的特質，政治文化可呈現出三種不同的類型：（一）教區型（parochial）政治文化；（二）臣服型（subject）政治文化；（三）參與型（participant）政治文化。[12] 對德國政治文化發展的研究而言，臣服型與參與型政治文化具有特別重大的意義；此兩種文化類型的特徵，成為最適用於解釋德國政治文化發展與變遷的工具。此處，簡明指出三種類型的特徵如下：

（一）教區型政治文化

　　所謂教區型，意思即指狹隘型。此類型政治文化表現出，民眾對整個政治體系及其輸入項與輸出項，既無所認知，也沒有建立任何互動及聯繫。在社會成員對政治事務一無所知、亦不相關下，社會與政治兩方呈現截然的隔絕現象。此情導致政治文化中，沒有社會對政治的任何關懷，也欠缺政治對社會的任何回應；就事實而言，政治體系祇見社會與政治互不相干的現象；如此一來，政治文化突顯出其僅侷限於社會生活的狹隘性。

（二）臣服型政治文化

　　民眾表現被動性和消極性的政治行為，祇會單方面認知和服從政治體系產出的結果（國會立法、政府決策和政令），而對個人基本權利及政治事務無所要求，自然無從表達自主的民意，更無由主動參政。於此，人民如下臣，唯順應主政者的意志，而行為上服膺之。由於被統治者單方臣服於統治者的獨斷意志和領導，而無所訴求，是故兩者間沒有互動；換言之，政治體系中，祇有輸出項，而

---

12 參閱G. A. Almond／S. Verba, 前引書，頁28。

無輸入項，如此突顯出體系的封閉性及統治者的威權領導作風。

（三）參與型政治文化

　　社會公民個體、群體及公民社團，基於彼等對國家政治事務的關切、興趣和需求，主動和積極地參與民意凝聚的過程，甚至設法以行動者態勢，投入立法及決策行列，以期進而影響法律及政策制定的結果。同時，全民對憲政機關的決定，予以對等地遵循。於此，政治上，既有來自社會民眾對國會及政府的要求，同時又有執政階層因應社會要求，透過具有民主正當性的決策及其執行，作出的回應。此情所致，政治體系別具開放性，體系運作，既有輸入項，又有輸入項轉化而成的輸出項，後者再經由回輸，將輸出項轉變為輸入項，如此週而復始，循環不息；兩者間充分發揮交互影響、相需而成的功能，彼此建立起密切的互動。[13]

　　艾爾蒙將公民參與政治事務的意願及行為，視為評斷一個政治體系穩定與否的指標。參政程度愈高，體系則愈穩定。反之，參政程度愈低，體系便愈不穩定。

三、葛拉伯、寇爾特及嘎伯瑞的見解

　　依葛拉伯（Manuela Glaab）與寇爾特（Karl-Rudolf Korte）[14]

13　參閱H. Rausch, 前引書，頁12。
14　葛拉伯擔任德國慕尼黑大學「應用政治研究中心」（CAP）德國政治研究部副主任，專長於德國人民對統一的態度、媒體文化及政治文化的研究。寇爾特擔任德國科隆（Köln）大學政治學講座，同時任職CAP德國政治研究部主任，專長於德國民族及民族意識的研究。

之見解，政治文化概念意謂：『社會民眾在特定時期內的政治態度、意見及價值定向。精言之，政治文化一詞示意著：個人政治定向在一個社會內部可確定的分配狀態。據此以推，政治體系社會基礎的主觀面向定位於政治文化的中心點。當代和歷史上相關的局面成為決定政治文化的因素，宜予兼籌並顧。如此清楚顯示，政治文化的總體呈現必定比研究者研究當時的民眾政治態度之表現來得更多彩多姿。此外，還可將民眾個人主觀所抱持的歷史觀及其偏向，一起納入政治文化分析的考量。』[15]

　　兩位學者對政治文化概念的釋義與上述艾爾蒙與費爾巴的見解並無二致，強調個人的政治定向及其在社會中的分配。然而，別於美籍學者的是，葛拉伯與寇爾特外加提示，當代和歷史上相關的局面實為決定政治文化的因素，而個人主觀的歷史意識皆不宜被忽略。

　　論及嘎伯瑞（Oscar W. Gabriel）[16]的著手法，他由政治態度來詮釋政治文化。嘎氏首先指出，『經驗政治研究者立足在微觀政治分析面上，嘗試綜合探究個人的政治態度與政治行為兩個密切相關的元素。對微觀政治面的分析而言，不可或缺的是從抽樣式民意調查所獲得有關個人態度定向的資料。透過針對個人態度及民眾整體態度在一國內部的分配狀態所提出的假設，研究者便從微觀政治分析面進入到巨觀政治分析面上，並善用個人資料蒐集統整的結果，

15 節錄M. Glaab／K.-R. Korte: Politische Kultur, in:Werner Weidenfeld／Karl-Rudolf Korte（ed.）1999 Handbuch zur deutschen Einheit 1949-1989-1999, Campus Verlag, Frankfurt am Main, 頁642-643。
16 嘎伯瑞教授任教於史圖加特大學（Universität Stuttgart）。

進而解釋政治體系的特徵。』[17]繼而,他闡釋政治態度,認為,此一關鍵詞的意思是指:『個人對政治潛在(即指:無法直接觀察到)的定向。至於「態度」一詞,則意謂:個人生活經驗所造成的心理狀態。態度可從當事者對環境情狀的反應方式顯現出來,而始終與特定事務或情境密切相關。因此,政治態度概念的界定須以個人與政治事務的關係為導向。』[18]

　　嘎伯瑞採用了艾爾蒙與費爾巴對政治文化的釋義,予以精簡化為個人政治定向在一國內的分配。此點與葛拉伯與寇爾特不謀而合。不過,有討論價值的是,嘎氏點出政治態度與政治文化兩者間的區別。區別在於研究者分析面的不同,前者指個人政治定向的特徵,宜在微觀面上予以分析;後者則指集個人為整體(民眾集體)的定向特徵及其在一國社會中的分配,宜在巨觀面上加以解析。無疑,巨觀面的解析須以個人政治定向的相關資料為基礎。[19]

　　可肯定者,嘎伯瑞所謂的微觀政治與巨觀政治分析面頗具創見性,對政治態度及政治文化的研究者而言,提供等級不同、而有實際助益的解析層次。

---

17 節錄Oscar W. Gabriel: Bürger und Politik in Deutschland, in: O. W Gabriel／Everhard Holtmann
　　(ed.) 1999 Handbuch Politisches System der Bundesrepublik Deutschland, R. Oldenbourg
　　Verlag, München Wien, 頁387。
18 同前註。
19 同前註。

四、葛萊菜哈根的觀點

在葛萊菜哈根（Martin Greiffenhagen）[20]眼光中，經驗方法導向的對一國政治文化之研究，為鑽研一國人民內在心境、氣質本色以及態度全貌，開啟了一條更可靠的途徑。葛氏認為，政治文化研究不像歷史文獻分析，著重於直接解析國民個人在歷史上僅一次表現出、故而無法比較的心態及其特徵。不同於歷史文獻分析的是，政治文化研究祇能以比較方法來完成；研究者既可就一國政治發展中各個不同階段國民的政治心態從事比較，亦可就同一時期各類大型政治團體對政治的態度進行比較。由此步驟所獲得的結果，可累積成為進一步從事國際政治文化比較時的資料基礎。是故，善用比較法所完成的政治文化研究，目的不偏重在當下的文化表現，而在發現長期的發展趨勢。[21]

葛萊菜哈根特別強調，宜在一國政治體系及其中的政府體制和憲政機關運作下來研究政治文化，探究工作則側重於民眾的政治態度、意見及價值評斷。因為，政治實存現象涵蓋兩方面：其一，既有的政府體制與憲政機關；其二，公民個人及群體在其潛在意識中，對體制實際運作與機關行使職權的認知、感受和評價。此兩者間的互動實為掌握政治文化發展的把柄。此外，當代現階段的政治與歷史上的政治經驗皆屬於形塑政治文化的關鍵元素。以後者而

---

20 葛萊菜哈根早期擔任呂內堡教育大學（Pädagogische Hochschule Lüneburg）政治學教授，其後出任史圖加特大學政治學研究所所長，任職直至1990年。葛氏重要著作包括：保守主義在德國之兩難（Das Dilemma des Konservatismus）、國家與社會之民主化（Demokratisierung in Staat und Gesellschaft）、論改革理論（Zur Theorie der Reform）及多難的祖國：論德國政治文化（Ein schwieriges Vaterland: Zur politischen Kultur Deutschlands）等。
21 參閱Martin und Sylvia Greiffenhagen 1980 Ein schwieriges Vaterland: Zur politischen Kultur Deutschlands,Paul List Verlag, München, 頁18-19。

論，則不得忽略民族同胞集體對共同歷史的記憶；其中儲存著族群對國運榮辱與共的回憶及省思。據此以論，一國政治文化研究中，民族集體記憶始終扮演重要角色。[22]

　　葛氏推崇艾爾蒙對政治文化概念的釋義，讚譽他為該領域研究之父。認同艾氏將政治文化定義為民眾政治定向特殊模式的同時，嘗試以廣義來解釋這個滲透到公民政治生活全面的關鍵詞。他指出，在政治愈加成為一國命運決定因素、而幾乎所有民生範圍皆具有政治意義的氛圍中，如此政治定向的形成，基本上取決於個人社會化的造就者，包括：家庭生活、學校教育、職業活動和宗教信仰等。彼等無形的影響力形塑了個人的政治態度，尤其是對政治的價值評斷。儘管如此，葛氏依然表明，在研究政治行為時，若從政治態度著手，則會遭遇到解釋上的困難。因為個人態度無法充分說明個人如何真實地表現出其政治行為。態度既然有此種極限，遑論政治意見；由意見來解析行為的研究途徑，更令人疑慮其解釋力。[23]

　　依葛氏之見，政治文化研究的主要旨趣在探究三個問題，即為：認同問題、正當性問題及疏離問題。首先，認同問題旨在探問：社會民眾對國家政治制度認同與否？對國家目標是否同心同德？又對自身及他人政治角色認同與否？其次，正當性問題旨在探問：社會民眾基於對政府正當性的認知，而接受或支持政府領導的程度。最後，疏離問題旨在探問：民眾與政治制度及政府間是存有疏離關係？疏離程度如何？[24]

　　綜合而觀，葛萊茱哈根的特殊見解有兩項：其一，政治文化研

22 同前註，頁19。
23 同前註，頁19-23。
24 同前註，頁23-24。

究較適用比較方法來完成。透過比較，研究者更能掌握一國政治文化長期的發展及其趨勢；其二，他所強調的民族集體歷史記憶，值得納入政治文化研究與其他相關因素兼籌並顧的探討中。

五、羅俄的心得

按照羅俄（Karl Rohe）[25] 多年來研究政治文化的心得，該名詞應被理解為：『一個社會團體成員面對政治世界所生成、而具有指標性意義的「基本圖像」，以及與此圖像相聯結的行動性思維。政治文化一方面體現出決定成員政治思維的世界觀；另一方面展現出決定成員公共言論及政治行為的心態。總體而言，政治文化如同一個充滿政治意識和神志的架構體，其內部呈現出社會成員在政治思維、行為和公共言論上的分配狀態』。[26]

羅俄蓄意強調，政治文化即為社會成員對政治世界所生成的基本圖像。藉此論調來突顯他有別於艾爾蒙與費爾巴廣獲共鳴的見解。如前所述，兩人視政治文化為成員對政治體系的態度或對政治現象的主觀定向。即便如是，羅氏仍明示，他完全無意貶低兩位大師高論的價值，祇是認為，應該還可循其他思考途徑，以更寬廣

---

25 羅俄擔任德國埃森大學（Universität-GHS Essen）政治學教授，學術研究重點為：政治文化、比較選舉及政黨研究、地區政治社會、19與20世紀德國政黨及政黨體系之文化基礎、德國政治文化。
26 Karl Rohe: Politische Kultur: Zum Verständnis eines theoretischen Konzepts, in: Oskar Niedermayer／Klaus von Beyme（ed.）1994 Politische Kultur in Ost- und Westdeutschland, Akademie Verlag, Berlin, 頁1。

的視野，來深度剖析政治文化概念的意涵。為此，羅俄援引愛爾津
（D. J. Elkins）與賽梅翁（R. E. B. Simeon）[27]的釋義，旨在闡明
定義政治文化一詞時尚可考量的出發點。依兩位學者之見，政治文
化如同一張社會民眾對政治世界所認知到、並具有規範行為意義的
「地圖」。這張政治地圖便是羅氏所謂的政治基本圖像。精言之，
政治文化為社會成員集體對政治的想像；在想像中，政治原本是、
能是及應該是什麼？[28]提及政治地圖觀點，如前所言，艾爾蒙曾經
引述貝爾之見，點出：政治文化取決於民眾的政治態度和立場，其
中備有一個信念系統，亦即「認知地圖」。認知地圖與羅俄、愛爾
津和賽梅翁所稱的「基本圖像」及「政治地圖」，在意涵上，可謂
不謀而合。

　　羅氏所稱民眾心目中的基本圖像，作為他們認知、感受，理解
和評斷政治的指標。此種基本圖像比艾爾蒙與費爾巴所論的政治態
度與定向，更具根源性和基礎性，是故位居政治文化的基層；它決
定民眾對政治的認知模式及評斷標準，而認知與評斷又決定位居上
層的政治態度。據此以推，政治文化研究宜始於社會成員的政治基
本圖像及它所造就的認知模式和評斷標準，循序漸進，再行進入政
治態度及定向的探究。於此論理的脈絡中，可想而知的是，羅氏不
將政治態度變遷輕率視同政治文化變遷。他肯定，唯在政治基本圖
像、認知模式及評斷標準經過修正或產生改變下，才可論及政治文
化呈現變遷。[29]

---

27 愛爾津與賽梅翁於1979年合著A cause in search of its effect, or What does political culture explain? 該文刊於：Comparative Politics, 11, 頁127-145。
28 參閱K. Rohe, 前引文，頁1。
29 同前註，頁1-2。

　　就上述政治文化變遷的成因，作者試舉德國的實例，說明如下：
　　東、西德統一後10年內，德東民眾多數抱持次等國民心態，在對聯邦政府的信任程度上，較德西為低。2000年以後，由於政府加緊建設德東、改善民生條件及增加就業機會，加以出身德東的基民聯盟黨魁梅克爾（Angela Merkel）於2005年領導該黨，贏得國會大選的勝選，順利當選聯邦總理，組閣執政迄今，政績卓越。如此新局面致使多數德東人提高對政府治理的信任度，同時也增強自信心。按照羅俄的觀點，則可謂，德東民眾政治態度呈現正面的改變，然而並不等於該地區政治文化因此起了變遷。事實顯示，自柏林共和成立以來，不僅德東，而且全德國政治文化出現空前的正面變遷。探其主要原因，即在於全民政治基本圖像、認知模式及評斷標準產生了改變；絕大多數德國人民，無分地域，在其政治基本圖像中，共同確認，基於基本法的德意志聯邦共和國實足以為德國全民，甚至全歐洲人民，造就長久的安定與福祉。因此，他們對於從柏林來治理的聯邦共和國，予以高度的認同及支持，並以行動來證明對祖國的熱愛。此種21世紀德國民族內生的政治基本圖像，相較於20世紀波昂共和時期一般民眾的認知，即為：對國家發展抱持特定程度的不確定感，確實呈現出重大的改變。

小結

　　艾爾蒙界定政治文化概念為：一國民眾或次團體成員的政治定向，包括認知、偏好及評斷三個向度。饒師則詮釋，並補充艾氏的

定義，指稱政治文化即為民眾對政治的態度、信念及感受；此三者影響政治發展，可造成共識性的基本立場及遊戲規則，進而引導民眾的行為。最具代表性的解釋是，政治文化為公民個人對政治體系及其次體系的政治定向。此外，政治文化既是一個政治體系內部民眾的認知、感受及價值評斷方式，又是政治定向在全民中的特有分配狀態。在三種不同型態的政治文化分類下，對德國政治文化發展而論，臣服型與參與型政治文化別具充分的解釋力。

　　葛拉伯與寇爾特將社會基礎的主觀面向置於政治文化的中點，強調，當代和歷史相關情境亦為政治文化的決定因素。嘎伯瑞則由政治態度來詮釋政治文化。依他之見，政治態度指個人對政治潛在的定向。儘管如是，嘎氏不忘說明政治態度與政治文化兩者在分析層面上的區別。前者在微觀面上予以分析；後者則在巨觀面上加以解析。葛萊茱哈根試圖區隔政治文化研究與歷史文獻分析。不同於歷史文獻分析的是，政治文化研究祇能用比較方法來完成。葛氏主張，在政治體系、政府體制及憲政機關運作下研究政治文化，探討時側重民眾的政治態度、意見及價值評斷。此外，當前政治與歷史政治經驗皆屬於造就政治文化的關鍵因素。尤其是，不得忽略民族集體對共同歷史的記憶及省思。

　　根據羅俄的見解，政治文化應為社會成員對政治世界的「基本圖像」，以及與此圖像相連的思維。羅氏所稱的政治基本圖像，作為民眾認知、感受，理解和評斷政治的指標。此種基本圖像比政治態度與定向，更具基礎性，所以居於政治文化的基層。羅氏不視政治態度即為政治文化變遷，而認定，唯在政治基本圖像、認知模式及評斷標準產生改變下，才出現政治文化變遷。

　　作者認為，上述國際政治學者們就政治文化概念的釋義係以一

個基本上共同一致的「公分母」作為基礎，便是肯定，政治文化意
謂，一國特定政治發展期內，政治體系成員對政治現象的態度及定
向。同時另方面，無論在概念意涵的界定、問題研究方法或分析層
面的設計上，學者個別所發表精闢且獨到的見解，無疑能提供政治
文化研究者，自然包括從事德國政治文化發展與變遷問題研究的作
者在內，高學術價值的參考。此套引導研究者發掘問題出發點的思
考利器，是專業政治學者精心研得的結晶，值得善用。

第**參**章

第二次世界大戰前德國政治文化之回顧

　　本章旨趣在回顧德國政治史，論述第二次世界大戰前（以下簡稱：戰前）德國政治文化的總體表現及本質特色。處理攸關戰前德國政治文化的史實時，將著重探索過去逾10個世紀的德國政治局演變過程中，德國人民生成何種根深柢固的政治圖像？此類傳統性的基本圖像及政治定向對早期德國政治文化發展，確實產生重大影響，甚至發揮決定政治文化類型的作用。

一、德國傳統政治文化生成的起點

　　深究政治文化傳統因素前，首先不可忽略思考一個根本問題，便是：回顧歷史上德國政治發展，宜選擇哪個時間點，以作為探索傳統政治文化生成的起點？針對這個問題，饒師認為，起點可大幅回溯到中世紀建立的「德意志民族之神聖羅馬帝國」（Das Heilige Römische Reich der Deutschen Nation 962－1806年；以下簡稱：神聖羅馬帝國）統治時期。[1] 因為可考證的是，自從神聖羅馬帝國建國以降，德國人民在其政治基本圖像中，所崇尚者，始終為寰宇一體的所謂「世界主義」（Universalismus）政治觀，而非族國一體化的

1　參閱H. Rausch, 前引書，頁16。

單一民族國家思想[2]。此種政治世界觀的深植不移,致使早期德國民族不僅欠缺對族國自我存在和成長價值地位應有的認同感,而且因此也讓以德意志民族來建立現代民族國家的團結力流失殆盡。由此看來,對國家認同與民族國家建立而言,世界主義的思想和觀念無疑祇會產生深遠的負面影響。

是故,正值除了德國以外的歐洲地區先後發展成為若干民族國家(舉其重要者如:英、法兩國)之時,自「三十年戰爭」(1618-1648年)結束後採行邦聯制的神聖羅馬帝國在組織結構上卻仍陷於鬆散欠實;表面上為德皇權威至上的泱泱大帝國,實質上其構成的各邦(諸侯領土國)卻貌合神離,以實現本身權益為優先考量,而置國家整體利益於次位。事實上,帝國始終受困於確保國家的政治統一,遑論與歐洲他國同步,建立主權獨立和領土完整的民族國家。彼時,德國內部長期無法解決的宗教信仰問題,益加促成邦聯制的發達。另一方面,令人遺憾的是,神聖羅馬帝國未曾參與歐洲早期工業革命及憲政發展的歷程,國家維持封閉、守舊的封建主義型社會形態,直到19世紀初,始出現改變。神聖羅馬帝國統治期內,既無類似近代西方先進國家的憲政之治,遑論人權及民主政治思想的播種。

2　同前註。

二、政治文化扭轉的嘗試

　　鑒於當時守舊型社會阻礙民眾的政治啟蒙，行政當局中不乏深謀遠慮的開明之士，倡導社會立法的基礎工作，藉以扭轉困境，啟動新局。此外，學術界人士同時展開警政學與行政學的研究活動，期待將研究成果實際應用於社會現狀、尤其是民眾主流觀念的改造。然而，努力卻帶來適得其反的效果。實況顯示，普遍公民對政治及公共事務抱持節制心態，蓄意疏離政治。取代親近政治的態度者為，民眾寧願將其活動範圍轉向與政治無關的藝術、詩文、音樂、戲曲、美學等方面。依他們的認知，國家的領導及政治事務的掌理應該被託付給「政治家」（Staatsmänner），而非在個人私領域活動的國民。受阻於德國民眾特殊的認知，扭轉政治文化的嘗試挫敗。

三、政治基本圖像與體制因素

　　一般德國人深受當時德國盛行的古典主義及政治浪漫主義思想之影響。在彼等的基本圖像中，視從事於文藝、音樂、學術研究工作者為「理想公民」。據此，民眾心目中的理想公民，並非關懷國家政治發展、進而參與政治事務或活動者，而是絕對服從國家政令、不問個人自由權和其他基本權利、僅善盡國民義務而不享權益、並獻身於與現實政治不相干的社會各類活動者。政治浪漫主義思潮致使德國人體認到，彼此心手相連、而共存於一個可意會、但

難以言傳的「人民共同體」（Volksgemeinschaft）中。然而，令人遺憾的是，此種全民歸屬於一個共同體的認知沒有轉移到政治領域上，使人民在政治共同體中產生參與感。19世紀前半期，德國以所謂「俾德麥爾」（Biedermeier）藝術風格為文藝時尚。有趣的是，此種風尚所起的政治作用在於：讓人民視國家為一個有道德觀的實體；這個實體具有形而上、但不由公民來形塑的特質。[3]

　　除了上述德國人民方面造成的特有政治文化現象以外，還不可忽略政治文化發展中制度因素所使然的事實。制度方面，首先論及憲法，19世紀初期，正值西方先進國家（即指：美、英、法等國）享有代議民主憲法、而施行憲政民主之時，德國雖然同樣擁有前世紀傳承下來的各邦憲法[4]，但是其規範中帶有傳統上階級不平等的色彩，遑論對人權、自由和人民基本權利應有的保障，更沒有關於人民主權原則及民主政體的規定。兩種類型憲法相較，其間實有本質上的差異。[5]進入19世紀中期，德國憲法規範才開始出現重大改變。[6]改變見於，憲法明定人民基本權利的保障；國會第一院經平等選舉產生；立法機關及國會議員基於憲律行使職權等。惜乎，此部旨在確保民權的「德意志聯盟」之「德意志帝國憲法」，因時局中阻力重重，終未能付諸施行。[7]

　　其次，就國家體制而論，相較於美、法兩國以自由主義及民為

---

3 同前註，頁16-17。
4 舉其重要者如：18世紀德國普魯士邦（王國）憲法、巴伐利亞邦（王國）憲法。
5 參閱H. Rausch, 前引書，頁17。
6 進而言之，1848年「三月革命」成功後，「法蘭克福國民會議」議決「德意志帝國基本法」草案。該草案明定，德國採行聯邦制，而以美國聯邦制為參考。整體觀之，就當時而言，帝國基本法可謂一部進步、而較符合自由民主原則的憲法。未及一年，「德意志聯盟」制定「德意志帝國憲法」，其中採納帝國基本法的規定，尤其是關於人民基本權利方面的規定。
7 參閱葉陽明 2005 德國憲政秩序，台北五南出圖書出版公司，頁4。

國本精神為依歸的共和國體與民主政體，19世紀德國君主國體與專制政體的組織結構和運作模式，主旨在為君王、貴族及教會深植君權至上、臣屬效忠、全民服從的絕對局面。享有特權威勢、以致養尊處優的封建上層統治階級，與祇盡服從政令及納稅義務、而無自由權和其他基本權利可享的下層被統治階級兩方，形成王權絕對領導與百姓絕對服從的強烈對比。

再者，設於柏林的帝國議會之立法及決議，雖然有人民代表的參與，但是並非完全出自德國全民的總體意志。事實上，國會的運作仍由君主封建勢力所主宰，而不為人民所決定。如前所言，1849年雖然制定了「德意志帝國憲法」，其中規定：國會第一院經平等選舉產生，但因時局中阻力重重，終未能付諸施行。因此，一個代表民意來立法及監督政府的國會遲未誕生。整體而觀，19世紀前、中期邦聯制的德國在封建主義下的國家（邦聯核心體與成員各邦）[8]組織形態及國政運作，呈現由上而下，而不如西方先進民主國家由下而上的體制本色。

至少從民主政治公民應扮演的問政及參政角色來評斷，19世紀德國眾民在「理想公民」上的認知的確有高度的偏差。此種基本圖像所造成的政治疏離感，加以君權至上的入憲及絕對王政的體制運作，在主、客觀兩方因素交互影響下，德國傳統中臣服型的政治文化逐漸生成、穩固和深化。

---

8 最具代表性的是「德意志聯盟」，成立於1815年，由當時39個邦組成。

四、遲來的德意志民族國家

　　19世紀後期，德國人始得以建立統一、完整而施行憲政的德意志民族國家。族國建國時間上比美、法兩國遲了幾乎一個世紀，較之於英國，則來得更晚。如此一來，自然將德國共和民主誕生之期，拖延至20世紀第一次世界大戰結束以後。這個史實對國家民主政治及時的起步和發展，以及公民社會及公民文化適時的育成，無疑產生負面影響。主權獨立、領土完整而內部統一的德意志民族國家，增強全民對民族與國家一體化的認同感；德皇權位至尊、各邦歸順中央及社會安定的國家新局，致使傳承性的臣服型政治文化益加定型。這個遲來的德意志民族國家便是德皇威廉一世（Wilhelm I）與首相俾斯麥（Otto von Bismarck）領導的「德意志帝國」（das Deutsche Reich）。[9]

　　為德意志帝國的建國完成鋪路工作者，即為由普魯士邦主導的「北德聯盟」（Norddeutscher Bund, 1867-1871年）。北德聯盟組織上符合聯邦制原則，其憲政結構的設計尤其有助於未久後德國的統一及帝國的創建。進一步說，因1870年普法戰爭的爆發而促使南德各邦在不堅持修憲的同時，宣告加入北德聯盟，進而促成德國的統一及1871年威廉／俾斯麥帝國的建立。[10]

　　儘管威廉／俾斯麥帝國被德國一般學者視同為美、英、法國近代以來建立的民族國家，然而著名德籍哲學家雅斯培（Karl

---

9 作者援引德籍學者普雷斯聶（Plessner）所用的形容詞：「遲來的」（verspätet）。
10 詳情參閱葉陽明，前引書，頁4。

Jaspers）[11] 卻不以為然，而對此種觀點持有相當尖銳的批判。雅氏評述：『吾人並非經由一個國家而成為德意志。吾人的政治史亦無一貫性。歷經一千年才建立的大德國未曾是一個政治實體。法國人與英國人在他們歷史上有幸成功地建立了自屬的民族國家，激發吾人仿傚的動機，試圖藉由威廉／俾斯麥帝國來創建德意志民族國家。不幸，徒勞無功。吾人並不認同歷史上曾經存在的任何一個德國。德國人創建出國家，然而沒有一個國家是德意志祖國。』[12] 葛萊芬哈根肯定雅斯培的批判，認為，至少進入1980年代，德國人在其政治意識中，對人民、民族和國家概念及其間關係，依然模糊不清，躊躇不定。日後，仍難以期待民眾心目中會產生明確固定的圖像。為了闡明問題癥結，葛氏特舉西德民眾對歷史上三個德國，即指：威廉／俾斯麥帝國、威瑪共和國和納粹第三帝國的認知及評斷。作者顧及篇幅佔用較大，此處暫不予申論。[13] 不難得知，雅斯培所欲強調的是，德國不等同於德意志；儘管德國史上先後出現數個德國[14]，但是其中沒有任何一個德國被德意志民族視為祖國、而得到全民政治上的認同。

---

11 雅斯培（1883-1969）早年攻讀以人文科學為基礎的心理病理學，其後深受狄爾泰（W. Dilthey）、胡賽爾（E. Husserl）及韋伯（M. Weber）的影響，研發出形上學與存在主義的哲學論，成為存在主義哲學的代表大師之一。晚年，他經常對聯邦共和國的政治問題，從政治哲學觀點發表評論。
12 節錄雅斯培之言，載於：M. und S. Greiffenhagen, 前引書，頁35。
13 詳情可參閱M. und S. Greiffenhagen, 前引書，頁35-39。
14 包括：神聖羅馬帝國、德意志聯盟、北德聯盟、威廉一世／俾斯麥帝國、威瑪共和國、納粹德國、戰後的德意志聯邦共和國（西德）、德意志民主共和國（東德）。

五、德國人優越感的產生

　　威廉一世與俾斯麥雄才偉略的領導，致使德意志帝國締造出德
國史上空前國強民富、官僚政治發達、社會安定制度健全、軍事武
力壯大的盛世。值此同時，帝國主義崛起，世界各強權國盛行殖民
主義，厲行海外殖民政策，從而搶奪屬地，廣拓勢力範圍於弱國。
強盛的德國在發展工業、科技及爭取殖民地兩方面急起直追，並能
迎頭趕上，擠身於強權國家之林。這種昌隆的國運態勢，加以早先
軍事擊潰強鄰法國而激起的民族自信心及自傲感，共同凝聚成一股
讓德國人妄自尊大、目空一切、從而產生民族優越感的力量。德意
志民族優越感進而驅使德國試圖以本身民族文化的質優性來改造世
界。[15]德籍學者史坦（Fritz Stern）[16]認為，民族文化質優性的自我
陶醉，根源於德國帝國主義思想。至於現代德國社會的精神基礎，
則源自於近代末期德國唯心主義哲學中各種相容或相斥的思潮之衝
擊，其中主要包括：古典主義及浪漫主義思潮。[17]

　　及至德皇威廉二世統治期間（1888-1918年），崇尚軍國主義
擴張政策，導致20世紀第一次世界大戰爆發（1914年）。戰爭初
期，德國政界與知識界不乏重要人士，以散播言論及文宣簡冊來誇
耀德國民族素質優於他族的特性。此種由國家高層往基層進行唯我
獨尊思想灌輸的行徑，對臣服型政治文化下普遍民眾的認知而言，

---

15 參閱H. Rausch, 前引書，頁17。
16 史坦於1960年代擔任美國哥倫比亞大學、耶魯大學及西柏林自由大學文化史學教授，以
　19-20世紀德國文化史及政治文化發展為研究專長領域。
17 參閱Fritz Stern 1974, Propyläen verlag, verlag Ullstein, Frankfurt am Main, 頁44

確實發揮深植民族自我優越感的效用。與民族優越感並駕齊驅者，則為軍國主義思想，兩者交互為用，相輔相成。自此時起，德國建立的軍國主義國家形象普及全球。國內軍國主義的信徒還包括地位遠遠凌駕於一般公民之上、而接受法務部門考核的行政官僚。後兩方足以塑造出有德國特色的法治國形態；其中，並非一般公民，而是由中產階級扮演參與性的角色。

六、欠缺共和國信徒的威瑪共和國

1918年秋，軍國主義至上的威廉二世德國戰敗。德皇被迫退位，致使長達逾千年的君主國體永遠走入歷史。是年，政局中最具影響力的政黨「德國社會民主黨」（die Sozialdemokratische Partei Deutschlands；簡稱：社民黨SPD）得以貫徹其基本主張，即為：經由普選產生「制憲國民會議」（簡稱：制憲會議），藉以造就共和民主國家的基礎。1919年召集的制憲會議便成為德國史上第一個共和民主國「威瑪共和國」憲政體制的締造者；其任務在制定憲法（威瑪憲法），並依憲法規定，選舉共和國總統以及產出總統直接任命的內閣制政府。[18]根本精神上，威瑪憲法試圖結合自由民主思想與國家統一意志。就設計的完備和憲政民主思想的進步而論，此部根本大法確實值得肯定。儘管如是，威瑪憲法的施行仍無法避免

---

[18] 關於威瑪共和國憲法的制定、憲法的重要規定以及威瑪憲政體制的特點和優、缺點詳情，可參閱葉陽明，前引書，頁5-7。

其導致嚴重後果的缺失。憲法的實施始終未能徹底消除長久以來統治者與被統治者間的對立；該法原本力圖結合兩方為一體，遺憾的是，受阻於德國人根深柢固的保守政治觀及臣服型政治文化，使得統治主體與統治客體間無法形成同一性。[19]

雖然德國共和國體與民主政體繼帝制崩潰後應運而生，然而威瑪全民在初次享有自由、基本權利和民主政治的同時，卻因為歷史過程中未曾出現施行共和民主的實例，所以對民主政治的精神及原則並無正確認知，遑論保有政治參與的實際經歷和體驗。饒師提出人民學習參與民主政治需要「行為榜樣」的觀點，來評述威瑪共和民主之所以挫敗，主要原因便是當時欠缺此種不可或缺的要件。[20] 19世紀中期德國中產階級自由派曾經掀起所謂「三月革命」，向統治階級要求民主制憲、分權及擴大政治參與，然而徒勞無功。在如此充滿阻力的內政環境中，誰來啟發民眾建立對共和民主的正確認知，從而以法定程序及實際行動來運用人民基本權利，並參與政治事務？公民又能在何處習得彼等在民主政治中扮演角色的應然面？威瑪德國惡質化為一個「欠缺共和國精神與忠實信徒」的共和國；換言之，徒具共和民主的表象，而沒有朝、野全民行為上對新體制的真正實踐。

無怪乎，這個德國史上的第一共和於短暫的14年（1919-1933年）後，在內閣更迭過度頻繁、故而中央政局極不穩定，又在極右的「德國國家社會主義工人黨」（簡稱：國社黨或納粹黨）與極左的「德國共產黨」（簡稱：德共）兩極化激進政治勢力夾擊下，

---

19 參閱葉陽明，前引書，頁6-7。
20 參閱H. Rausch, 前引書，頁17。

完全解體。此外，值得議論的還有，德國固有的守舊社會之結構依然殘留在有名無實的威瑪共和內繼續作祟，而小資產階級試圖以抗爭來反對工業革命，藉以恢復過去符合其利益的階級社會。此舉造成的嚴重後果在於，小資產階級反德國政治與社會現代化的勢力為納粹黨所善加利用，淪為德國國家社會主義（der deutsche Nationalsozialismus；以下簡稱：國社主義；一般通稱：納粹主義 Nazismus）思想及勢力孕育的搖籃。此種歷史性的大不幸，實為該階級人士始料未及者。

　　德國人在威瑪共和時期首度從事的民主政治實驗無疑是失敗的。探其主因，莫非人民長期傳承下來的臣服型政治文化，並未與共和民主新德國的誕生而同步轉型，轉變為政治現代化所迫需的參與型政治文化。一個沒有參與型政治文化作為原動力的共和民主，是不可能生根、成長、成熟及持續穩固的。換個角度來思考，威瑪民主挫敗的經驗反而能發揮正面作用；德國人將失敗視為歷史教訓，從傷痛的經驗中記取教訓，藉由反省和再學習，獲得對共和民主的新體認和啟示。此種透過歷史性的學習過程所獲得的珍貴體認和啟示，對戰後聯邦共和國民主政治及參與型政治文化的生成及發展，深具指標性的意義。

七、納粹德國極權下臣服型政治文化的極致化

　　缺乏共和民主精神及其實踐型公民的威瑪病態政局，為納粹黨魁希特勒循體制內程序奪取國家領導權位，提供最有利的條件。

1933年初,號稱「第三帝國」的納粹德國完成建國,為德國史上造就出一個既非帝制、亦非共和的空前極右主義和種族主義激進思想掛帥的極權德國,由此也為絕大多數德國人寫下了一段不堪回首的血淚史。希氏以國社黨一黨組閣後,迫不及待地濫用威瑪憲法第48條規定,中止人民自由及其他基本權,同時脅迫國會以壓倒性多數通過「授權法」。該法授予政府獨斷修憲、立法及頒令的全權,至於國會兩院,則無權過問。緊隨國會功能的癱瘓及自行解體,威瑪政黨體系、各邦議會與政府,甚至工會組織被迫相繼解散,共和國防衛軍則被收編,納入唯國家最高領袖指揮的第三帝國武力。

　　至此,納粹德國徹底終結曇花一現的威瑪共和,同時開啟對內滅絕所謂「劣質種族」,鐵蹄統治德國,對外以所謂優質的白種德意志民族來宰制他國的極權獨裁統治,為期12年。[21]

　　在納粹勢力蓄意人為操作下,人種優、劣屬性因素被高度政治化,成為德國激進民族主義思想的催化劑。人為操作的主要方法是:過度誇大白種阿利安人屬性的優越性,及其對德國族國強權政治發展的決定性,進而將此屬性因素提昇到德意志民族認同上最高的依據點。當人種屬性因素的無限上綱所造成的偏激種族意識成為德國民族深化自我認同、昇華本族優越感的核心力量時,便是一種排他和敵外的侵略性激進民族主義形成的開端。[22]

　　黨國一體的第三帝國大力灌輸德國人「民族生命共同體」(die Lebensgemeinschaft der Nation)觀念的重要性。所有同出一源的個體皆應無條件投入這個血濃於水的有機共同體中,並服從其最高領

---

21 參閱葉陽明,前引書,頁7-8。
22 參閱葉陽明 2007 戰後德國極右主義、極右政黨對憲政民主之挑戰,刊於:社會科學論叢,第一卷第一期,國立政治大學社會科學學院/五南圖書公司共同發行,2007年4月,頁47。

袖代表民族整體利益的領導。是故，納粹德國建立並深化了忠誠服從最高領袖領導的「單一領袖制」，將該原則絕對化，進而落實在全民絕對服從領袖命令的行為模式中。無疑，第三帝國的極權政治促使全民，尤其是青少年，在心目中深植忠誠服從希特勒唯一領導的政治基本圖像，強化人民對民族生命共同體的意識和體認。如此一來，傳統盛行的臣服型政治文化，發展到納粹德國時期，業已達到極致化的程度。相對於帝制時代的是，第三帝國時期政治文化中人民臣服的對象，不再是有名無實的國君（如：神聖羅馬帝國）或是雄才偉略的德皇（如：威廉一世），而是領導權位至高無上的元首希特勒。

小結

　　德意志民族之神聖羅馬帝國以世界主義觀為其政治文化的精髓，深遠地決定了自中世紀以降進入近代長達幾近10個世紀的國家政治文化發展動向。此種超越國界而饒富宏大格局的政治文化表現反映出其正面意義；意義在於德國人民基本上能秉持比之於其他民族較為開擴的胸懷及宏達的態度來面對政治事務，基此可育成理想中的「世界公民」。相對於此，以世界主義觀為核心價值的政治文化同時卻也帶給德國民族嚴重的負面後果。後果便是，寰宇一體的思維模式削弱了德國朝野全民順應時代政治潮流、適時追求建立一個主權獨立且領土完整的單一德意志民族國家之動機。史實顯現，正值英、美、法等國致力於單一民族國家的締造之時，德國民族卻

依然陶醉在世界主義觀的主流政治態度中。此種特有的心態不僅讓人民殊難內生對國家深厚的認同感,而且更致使德意志民族國家的造就延宕到19世紀末期。

　　古典主義與政治浪漫主義的政治觀致使普遍德國人對公民與國家發展間正面關係的認知遭到影響至大的扭曲。此種觀念曲解「理想公民」的意涵,認定一個理想中的公民是不必關懷國家發展、因此不參與政治事務,而祇從事於與現實政治無關的個人私領域或社會各類活動的公民。如此一來,近代邁入現代的德國政治進程中,民主政治所要求的公民普遍參政之現象,無由而生。另者,君主專制下的君權至上原則、全民效忠國家及服從德皇英明領導的絕對信念,讓傳統的臣服型政治文化益加根深柢固;同時又杜絕了人民爭取人權、自由權和其他所有基本權利的意念。對於西方先進憲政民主國家人民而言,人權、自由權和他項基本權利為憲法所保障、而人民習以為常行使的權利。反之,在德意志民族的傳統政治圖像中,此類體現政治現代化的基本價值和訴求,並沒有取得一席之地。

　　遲至19世紀後期始建立的德意志民族國家雖然造就空前的統一局面與憲政治理,但是並未順應當代歐洲政治主流,步上民主政治之道,也沒有促成全民對國家的認同。全民的祖國觀依然模糊。儘管如此,德意志帝國的強盛仍然激起民族自信心及民族優越感,更種下帝國主義思想的根。此種集體自我陶醉的心態,驅使德國力圖憑藉本國民族文化的質優性來改造世界。第一次世界大戰的戰敗重挫德國民族自我的優越意識。取代帝制的威瑪共和具備一部民主憲法的同時,惜未培育出全民對自由民主價值的認同感和對議會政治體制的參與感。是故,無法奢望,這個高度欠缺共和國忠實信徒的

共和國能為參與型政治文化的育成，作出開創新局的貢獻。極具諷刺性的是，威瑪憲政民主治理下的「去共和精神化」，竟然成為葬送共和民主的利器；孕育德國國家社會主義極權統治的搖籃。史無前例的第三帝國極權獨裁致使臣服型政治文化登峰造極，更讓20世紀的德國付出無比的代價。

第 **肆** 章

傳統政治文化的特點及其影響

　　由以上對戰前德國政治文化回顧的論述中，可綜合整理出傳統政治文化的特點。這些可視為基本因素的特點，以或多或少的程度，影響戰後聯邦共和國政治文化的發展。德國政府與政治研究領域的德籍資深政治學者宋海莫（Kurt Sontheimer）[1]就相關方面持有獨到的見解，經過饒師條理化後，傳統政治文化呈現出下列三大特點：其一、面對衝突無能為力；其二、政治冷漠與疏離；其三、國家中央權力至上，逐一觀察如後：

1　宋海莫1928年出生於德國巴登（Gernsbach／Baden），係比較政治領域，尤其是德國政府與政治次領域，教學與研究的資深傑出學者之一。早年在德國福萊堡（Freiburg）、艾爾朗根（Erlangen）和美國大學攻讀歷史學、社會學與政治學。1960年代任教於西德柏林自由大學（Die Freie Universität Berlin）政治學研究所，自1969年後執教於慕尼黑大學（Ludwig-Maximilians-Universität München）政治學研究所，直至退休為止。宋教授著作等身，舉其尤者如後：托瑪斯曼與德國人1961（Thomas Mann und die Deutschen）、政治學與國家法學論1963（Politische Wissenschaft und Staatsrechtslehre）、德意志聯邦共和國之政治體系精義1971（Grundzüge des politischen Systems der Bundesrepublik Deutschland）、吾國知識份子之不幸1976（Das Elend unserer Intellektuellen）、威瑪共和國反民主之思潮1962、1968、1978（Antidemokratisches Denken in der Weimarer Republik）、德國介於民主與反民主之間1971（Deutschland zwischen Demokratie und Antidemokratie）、時代變遷？德意志聯邦共和國於守舊政治與選擇性政治之間1983（Zeitenwende？ Die Bundesrepublik Deutschland zwischen alter und alternativer Politik）、德國未曾如此過 ——聯邦共和國政治文化評述1999（So war Deutschland nie--Anmerkungen zur politischen Kultur der Bundesrepublik Deutschland）。

一、傳統政治文化的特點

（一）面對衝突無能為力

德國傳統保守型政治與社會視各方勢力及利益間的衝突和對立為非常狀態。因為德國先民一貫追求政治力量的團結、社會氣息的和諧，試圖造就政治社會上的同質性，以期建立民族生命共同體，從而營造國家內部平和與安全的局面。他們不能看待有限的衝突為多元、異質社會的必然現象，充其量祇能接受各方公開、低度的競爭。

事實卻顯示，一國政治或社會出現利益的失調，導致各方利害衝突，甚至對立緊張，此種現象確實是難以完全避免的。沒有任何國家內部完全不存有政治或社會性的衝突；每個國家或多或少皆有之，唯衝突發生的頻率及達到的程度不盡相同而已。理所當然，德國不可能是一個沒有衝突的國家，前所提及的「三十年戰爭」即為實例。據此以論，從世界各國政治史演變觀之，國內政治與（或）社會出現衝突，時有所見，不足為懼，不宜視為脫序或異態。就此，社會科學家也認為，衝突及其以正當方式的解決，係屬於政治及社會秩序中重要的構成部分，自有其促進國家發展上正面的意義。

然而，如前所言，在德國傳統政治社會與衝突對立兩者間，並無適中的平衡點可尋。德國人對衝突持有異於尋常的認知。比如，傳統上，若一個政黨內部發生派系或路線衝突，則被德國人所鄙視，判為亂黨。19世紀中期，當德國史上第一個政黨「汎德意志工

人聯盟」[2]崛起時，政黨被朝、野視為祗圖謀私利的政治集團；此種組織介於國家與人民間，會破壞民族共同體的融合及團結，而扮演國家安定發展上阻力的角色。此種對政黨及政治非常的認知易使人民視其內在衝突或政黨間衝突為嚴重的政治或社會危機，從而產生無所適從的恐懼感。政治或社會中一旦出現衝突，朝野上下便在恐慌之餘束手無策，不知如何著手就對立的利益進行妥協，以圖解決衝突。換言之，德國先民面對衝突，表現出無能為力的行為。簡言之，解決衝突的無能屬於傳統政治文化中的特點之一。

　　第一次大戰爆發前夕，德皇威廉二世曾親言：『寡人僅知有德意志同胞，而未聞德國有各黨各派』。此種說法對當時忠實服從他領導的臣民，確實發揮主導行為的效用。[3]日後，威瑪共和之所以瓦解，主要原因即在於：國內利害衝突的各種勢力始終沒有能力，藉由政治妥協和建立共識，循和平途徑以化解對立，解決衝突。

（二）政治冷漠與疏離

　　如前所論，依早期德國人傳統的基本圖像，從事於文學、藝術美學、音樂等與政治事務無關的活動者，為典型的「理想公民」。據此，民眾心目中的理想公民，並非關懷國家政治發展、進而參與政治事務或活動者，而是絕對服從國家政令、不問個人自由權和其他基本權利、僅善盡國民義務而不要求權益的公民。基於此種認知模式，德國民眾一向對現實政局抱持漠不關心、不熱中投入政務的態度。公民群中，積極主動參與政治者，實屬鮮象。如此體現出傳

2　1863年夏成立的「汎德意志工人聯盟」即為社民黨的最早組織。
3　引自H. Rausch, 前引書，頁19。

統上民眾對政治的冷漠與疏離。從現代民主政治公民參與的基本原則來看，此種現象無疑是反常和偏差、而不可取的。然而，在早期封閉守舊的德國社會中，政治冷漠與疏離卻被普遍視為常態，民眾習以為常，不足為奇。

托瑪斯曼（Thomas Mann, 1875-1955）[4] 率先指出德國人對政治冷漠的態度及行為特性。他採用「非政治屬性的德國人」（unpolitische Deutschen）一詞來形容其同胞的政治冷感。托氏認為，此種特性的生成，根本上受到德國古典主義與浪漫主義思想的影響。此兩股重大思潮廣為傳揚，政治不應該屬於國民個體的事務；政治其實祇是一椿「污穢」的交易，應該留給那些有企圖、自認是「菁英」，而甘願從事此等勾當的少數人來處理。[5]

顯然，此種極為偏差的觀念，使一般民眾無法正確認識政治的意涵與本質，理性分辨誰是「政治家」？又誰是「政客」？此外，此種曲解不僅造成人民對政治事務蓄意的隔離，對政黨的歧視，甚至鄙視，而且也讓國人無法從正面來看待議會政治、各級民意機關、社會各類利益團體以及公民組織。不過，有趣的是，民眾對政治冷漠與疏離的態度，並沒有負面影響到人民對國家、憲法、元首及政府官方的忠誠感與服從行為。事實上，兩者間不存有關聯性。其原因可從傳統政治文化中的第三大特點：國家中央權力至上，來解釋之。

4　托瑪斯曼為德國著名文學家和社會評論家，其思想深受叔本華（Schopenhauer）與尼采（Nietzsche）哲學及華格納（Wagner）音樂風格的影響，成為文學現實主義的文豪及評論家，文學作品特別偏重社會心理狀態的分析；其中對德國頹廢的中產階級，作出了精闢深邃的描繪。

5　參閱H. Rausch, 前引書，頁20。

至少在威瑪共和瓦解之前，普及德國社會的政治冷漠與疏離現象是根深柢固的。至於此種異常現象呈現革命性的劇變，則發生在納粹德國極權統治時期。希特勒蓄意扭曲和濫用德國民族主義及愛國主義思想，將其惡質化為極端排外性和侵略性的激進民族主義意識形態（德國納粹主義），並善用種族主義不平等主張、極權主義思想及軍國主義強權國家思想等工具，成功地把德國社會傳承下來的人民政治冷漠，轉化為第三帝國全民對納粹黨國及其最高領袖無條件奉獻出的狂熱效忠。於此，傳統德國人的政治冷漠與疏離劇變為全民全然擁護元首獨裁的政治狂熱。納粹德國興風作浪前後，人民的政治冷漠與政治狂熱形成強烈的對比，確實可謂政治文化的兩極化。

（三）國家中央權力至上

公民政治參與上的消極態度根源於兩大傳統觀念：其一，國家中央權力至高無上；其二，國家為公民的管束者及監護者。在此種觀念的指導下，中央政府管轄權理所當然直接有效地向地區和地方擴張，同時也延伸到社會與經濟活動範圍，從而正當干預所有非政治領域的生態和活動。全國性公共福祉的造就、超越黨派和個人權益的國家整體利益之實現、政治及行政專業知能的善用以及中央政府貫徹決策的必然性等無庸置疑的優先考量因素，大幅抑制和限縮社會經濟團體及公民個人多元意志的表達空間。由於傳統上中央權力的極致化主宰著社會、經濟和民生，所以一般公民在國家運作中僅扮演被中央統治階級監護的牧民角色。受制於中央集權的落實，各級行政官署行使公權力時，國民唯政令是從。面對公權力無條件的貫徹，人民無權表達其自身需求，遑論實現個人意志。如此久而

久之，普遍公民便自然萌生本身與政治權益絕緣的意念，政治冷感遂由衷而生。

不乏學者以批判論調指出，威廉二世入主德國時期，中央層級行政機關威權過度高張，對待一般人民如同「草芥」。[6] 至於第三帝國的領導結構，則超越中央集權，而升高到黨國極權獨裁、元首獨攬全權的態勢。

二、傳統特點的影響

本文自始即言，德國政治文化發展呈現因果關聯的持續性；戰前現象與戰後局面是連貫而不可完全分割的。本著這個基本觀點，前所論述的特點，應可視為戰前德國政治文化的傳統因素，對戰後聯邦共和國政治文化的生成及發展而言，雖然未必具有決定性，但是不可否認的是，此等因素仍繼續發揮或多或少程度的影響力。下端簡明觀察傳統因素對戰後現代德國的影響所及：

（一）憂懼衝突而避免其發生

由於傳統上德國人欠缺解決政治或社會衝突的能力，同時對衝突產生不安，甚至恐懼，是故此種人為因素或多或少影響及於戰後聯邦共和國的政治、社會及經濟秩序，致使國家整體秩序雖然在基

---

6 這些學者包括：穆西爾（Robert Musil）、史坦漢（Carl Sternheim）、曼亨利（Heinrich Mann）。

本法憲政自由民主運作下,展現開放、多元及競爭的局面,但是民主政治中多方不同意志和力量間的競爭猶能維持柔性及良性,而不會導致帶來嚴重後果的衝突或針鋒相對的對抗。探其主要原因,即在於因畏懼衝突而力圖避免衝突的發生,或儘量降低衝突爆發的可能性,以營造多元利益為實現而競爭下社會安定所需的最起碼之和諧局面。排除劇烈衝突的努力,舉其重要者,政治上表現在政黨體系中政黨政治的競爭,社會經濟上則反映在德國型資本主義社會福利國的勞、資兩方的關係。

就政黨間競爭觀之,西德立國後的前34年,被德國學者稱為「建制化政黨」三個重要民主政黨:基民/基社聯盟、社民黨、自民黨在基本法及「政黨法」(1967年)規範下,為經由聯邦議會與各邦議會選舉的勝選、以進佔議會多數席次、並取得組閣權及執政權而競爭。1983年全國性「綠黨」(die Grünen)進入聯邦議會前,三個政黨間的互動既有競爭,也有合作;實例如:基民/基社聯盟與自民黨在選舉中相互支援,選後聯合組閣(1949-1966年),前述兩黨與社民黨則形成競爭對手。繼而,基民/基社聯盟與社民黨選後合作,共同組成「大聯合政府」(1966-1969年),造成自民黨成為聯邦議會中唯一的在野黨,其黨團強度顯然無強勢監督執政之力。其後,社民黨與自民黨聯合組閣執政(1969-1982年),接受基民/基社聯盟的強勢監督,國會政治呈現朝、野政黨對峙競爭局面。[7]

儘管政黨間時有合作,時有競爭,造成競合交替的政黨政治生

---

7 詳情請參閱葉陽明,前引書,頁282-295。

態，然而如此的多黨競爭，始終建立於合憲合法、公平公開及良性與建設性的基礎上，整體觀之，基本上未曾激發出劇烈的黨政衝突或引起社會不安的黨際對抗。建制化政黨一致認同基本法，以避免衝突的發生，降低衝突爆發的機會，營造聯邦與各邦政治和諧的局面，為基本共識。

1980年左傾生態政黨綠黨崛起後，以所謂「可供選擇」的新興第四勢力的角色，一反過去建制化政黨的組織及活動方式，雖然仍接受基本法與政黨法體制的約束，然而也無所顧忌地樹立起意識形態及政見主張上的標新立異作風，尤其在政策目標貫徹方面，表現出堅守路線，不輕易妥協的獨特姿態。如此一來，綠黨行徑不僅引起議會內與他黨不斷的衝突，同時也導致政治及社會上突破既往持續性的新型抗爭運動。自此起，傳統政治文化中懼於衝突及追求和諧的固有現象，始告轉變。

另在現代德國勞動社會勞、資兩方關係方面。勞方職工組織的工會代表勞方立場，並主張勞方權益；資方企業主組織的聯合會代表資方立場，並主張資方權益。一旦勞、資兩方就勞動生產相關事務發生立足點上的爭議或利害衝突，則基本上透過工會與聯合會代表的協商及談判，以謀求勞、資衝突的解決。德國資本主義模式的構成要素，除了有德國特色的社會市場經濟、建設完備的社會國、局部管制的勞動市場以外，便是密集化和高效率的勞、資談判。[8]勞工與企業主間的關係被定位在德國勞動社會合作夥伴的關係。基

8　參閱葉陽明 2004 德國資本主義模式及其在全球化衝擊下的調適，刊於：台德學刊（Deutsch-taiwanische Hefte Journal für deutsche Studien），第6期 2004，中華民國德語文學者暨教師協會發行，頁8。

於此種相需相成的夥伴關係，合作的雙方認定，就爭議進行平和理性的制度化對話及談判，為化解衝突或對立最有效之道。

自1960年代中期以後，西德發展出一種基於社會夥伴關係、而透過國家政策來調節的勞資協商模式。此種模式在建立之初被稱為「協合式行動」；1990年代末期至21世紀初期則以「勞動、職訓暨競爭力結盟」之名號運作於社會、經濟和勞動場域。[9] 這兩度建立的制度化勞資協商模式以後者最具成效；具體成果如：改革社會保險制度、改革營業稅制、貫徹促進就業的工資政策、年長勞工提前退休、輔導低素質民眾及長期失業民眾就業、培訓職工專業技能等項。[10]

深具意義的事實顯示出，勞資兩方在面對可能的爭議及衝突時，皆保有社會夥伴性的基本共識，不輕率採取單方獨斷而有害於對方權益、甚至整個社會安定的策略及行動。此種行動在勞方即為剛性罷工；在資方便是關廠解雇。饒師也強調這個事實，指明，「全德工會聯盟」（Deutscher Gewerkschaftsbund；簡稱：DGB）及其所有成員工會（例如：金屬工業工會 IG Metall）的領袖及大多數會員皆無強烈意念，將罷工，尤其是長期罷工，當作對付資方的有效手段，而加以運用。[11] 1991至2001年期間，國際比較勞工因罷工或關廠而未上工的日數多寡，結果顯示，德國偏少，僅次於瑞士、日本及奧地利。[12]

---

9 同前註，頁21。
10 同前註，頁34。
11 參閱H. Rausch, 前引書，頁18。
12 詳情可參閱葉陽明 2004 前引文，頁20。

（二）政治冷漠與疏離對西德立國之初民眾態度的影響

　　至少在聯邦共和國締造之初，傳統德國社會對政治認知上的偏差及政治消極冷漠的態度，以特定程度繼續負面影響西德民眾對政治的反應。其主要原因不難推知。首先，納粹德國的徹底瓦解讓德國人狂熱崇拜「民族救星」希特勒、並服從其英明領導的政治信念完全破滅。於此，填補政治狂熱的失落者，便是另個極端心態：政治冷漠與疏離。如此一來，德國人因喪失為期12年的民族至尊之榮耀感，而回歸歷史上傳統的政治冷漠與疏離。其次，戰敗無條件投降至東、西德分別建國及德國分裂期間（1945-1949年），德國人民在飽受國破家亡、戰勝國軍事佔領管制、國家主權喪失、民生物資供應極其短缺等的傷痛和困頓之餘，暫時沒有品頭論足政治的資本，當然亦無熱中政治的心思。瓦礫中的德國百姓在苦於重建破碎家園的同時，如何能投入前途充滿不確定性的國家政治？政治冷漠與疏離也由此而生。再者，西德建國後基本法施行之初，一般公民短期內確實難以對這部暫時性的憲法及其憲政秩序產生正確和完整的認知，遑論評斷該法會為西德人民造就什麼樣的福祉，為國家帶來何等的成效。此種由特殊國情所造成的公民心境，同樣可視為民眾政治冷漠與疏離心態生成的原因。

　　西德人歷經10年對共和民主的再體認和踏實磨練後，1960年代開始，聯邦共和國（波昂共和）政治發展呈現的新象是，基本法憲政民主秩序不斷生根、成長、成熟、穩定和鞏固；聯邦與各邦既分權、又合作下議會政治發展益趨蓬勃、民主政黨接受憲律規範而組織嚴密、活動熱絡；政黨體系體現出政治光譜上左、中、右勢力的均勻分布；政黨間建立起既合作、又競爭的良性互動；各邦直接民主制度益加完備和發達；普及全國的地方自治提供在地公民親身治

理地方公共事務的機會。如此的新局面為民眾固有的政治冷漠與疏
離態度，造就漸進式正面轉變的政治大環境。

民意調查結果顯示，1970年代中期與1950年代初期相較，民眾
視政治重要與否的態度，顯然有正面的改變。藉由表4-1，示意如
後：

表 4-1　西德民眾視政治重要與否的態度　（單位：百分點 %）

答覆＼年份	1953年	1974年
政治是重要的	64.2	77.4
政治是不重要的	13.9	20.3
不知道，沒有意見	21.9	20.3

資料來源：Heinz Rausch 1980 Politische Kultur in der Bundesrepublik Deutsch-land,
　　　　　Colloquium-Verlag, P60，引自Klaus R. Allerbeck 1976 Demokratisierung
　　　　　und sozialer Wandel in der Bundesrepublik Deutschland, Opladen, P36.

由表4-1看來，1953年，受訪民眾中，認為政治是重要者，已
達到過半數；然而，表示不知道或沒有意見者，卻也超過兩成。21
年後，視政治為重要者，增高到接近8成；祇有兩成受訪者，不以
為然；未知或無意見者，為數極少。進一步詢問結果顯示，以1953
年情況論，青、中年人認為政治不重要者，微幅多於老年人；其
中，百分比最高的是年齡在25至29歲的年輕人。另在「政治是重要
的」詢問方面，各個年齡層所佔的比率，相較下差距不大，而以30
至44歲受訪者居最高。

此外，德國著名的「阿冷巴赫民意調查研究所」（das

Allensbacher Institut）[13] 訪調的結果，無疑深具參考價值。自從1952年起，該所就西德民眾對政治的興趣狀況進行追蹤調查。下列表4-2顯示1952至1978年期間民眾對政治感到興趣與否。

表 4-2　西德民眾對政治感到興趣與否 （單位：百分點%）

年份＼態度	感到興趣	不特別感興趣	毫無興趣
1952	27	41	32
1959	29	36	35
1960	27	40	33
1961	31	44	25
1962	37	39	24
1965	39	43	18
1967	39	40	21
1969	45	42	13
1971	43	41	16
1972	46	40	14
1973	49	40	11
1974	49	34	17
1975	41	44	15
1976	46	42	12
1977	49	42	9
1978	47	43	10

資料來源：Heinz Rausch 1980 Politische Kultur in der Bundesrepublik Deutschland, Colloquium-Verlag, P62，引自 Elisabeth Noelle / Erich Peter Neumann ed. 1974 Allensbacher Jahrbuch der öffentlichen Meinung, Band 5 Allenbach, P213. Elisabeth Noelle Neumann ed. 1977 Allensbacher Jahrbuch der Demoskopie, Bände 6,7, P62.

13 「阿冷巴赫民意調查研究所」長期以來由德國權威性大眾傳播學者諾伊曼（Elisabeth Noelle Neumann）教授主持，專業從事對德國民眾就政治、社會、媒體等相關議題公共意見的詢問及調查，並將民調結果完成學術分析，並以出版年冊方式公開，提供政、學界及社會人士參考。

從表4-2開端觀之，傳統政治文化中德國人的政治冷漠因素，確實負面影響到西德建國後最初10年民眾對政治的興趣。1961年以前，受訪民眾中，表示感到興趣者，未達3成；相對於此，毫無興趣者卻超過3成。在此26年間，對政治沒有特別興趣者，始終維持在4成上下。不過值得注意的是，或多或少感興趣者，一貫保持在6至9成；尤其自1969年以後，便高達8成以上，至70年代末期，百分比甚至升高到91個百分點。

由本表數據可確認，隨著基本法憲政規範的真正實踐及自由民主秩序功能全面的發揮，聯邦、各邦政治及地方自治穩定的發展，西德人民逐漸改變了戰前德國先民政治冷漠及疏離的態度；從不關心政治，轉變為有興趣於政治。民調反映的事實可證，民眾中對政治事務感到興趣者，與時俱增。

（三）中央權力至上傳統對西德聯邦層級擴權的影響

神聖羅馬帝國開啟的君主專制時代及納粹德國厲行極權單一國制時期，國家組織形態由中央與地方所構成。戰後，聯邦共和國則實行聯邦制，國家組織形態由聯邦與各邦所構成。

德國早期政治文化體現出中央權力至上的傳統。此一因素在戰後傳承下來，對聯邦共和國聯邦層級權力的擴大，產生特定程度的影響。在聯邦立法權、行政權及財稅權被強化的同時，各邦治權相對地縮小，並被削弱。基本法明定，聯邦共和國為一個民主、社會的聯邦國家，實踐聯邦與各邦垂直與水平分權的原則。儘管如此，當初，基本法的制定機關「立法會議」，自始即偏向美國強化聯邦權力的聯邦制模式，蓄意賦予聯邦比各邦較大的權限，尤其是立法

權。[14] 然而，更重要的事實無疑是，德國政治史上中央權力至上的傳統，對1948年立法會議代表制定基本法時有關聯邦與各邦權力分配的根本考量，發揮不可低估的影響。日後，憲政實際運作中，聯邦層級憲政機關確實也有恃無恐地善用了法定的職權。

　　論及聯邦與各邦立法權的劃分，基本法第70條指出：對於本法未賦予聯邦行使立法權的事項，各邦享有立法權。此項規定原則上確立了各邦行使立法權的範圍，即：聯邦合憲立法範圍以外的所有事項。然而，立法分權問題並非如此單純。首先，聯邦從基本法第73條獲得對一系列事項的獨享[15]立法權。依據第71條規定，在聯邦獨享立法範圍內，各邦惟經一項聯邦法律為了邦立法目的之明文授權，始享有立法權。然而，此種對邦的合憲授權祇涉及聯邦立法範圍中的部分事權。此外，事實上，聯邦極少運用本條中的「授權條款」（Ermächtigungsklausel）。由此可謂，第73條所賦予聯邦獨享的立法權限[16]，對各邦而言，根本上形同立法禁地。[17]

　　其次，基本法第72條對聯邦國立法確立了複雜的所謂「競合立法」（konkurrierende Gesetzgebung）規定。競合立法意思即指：聯邦與各邦在此立法範圍，本條各項特定的條件下，兩方皆享有立法權。按第72條第1項，競合立法範圍內，只要聯邦未曾透過法律以

14 參閱Heinz Laufer／Ursula Münch 1997 Das föderative System der Bundesrepublik Deutschland, Bayerische Landeszentrale für politische Bildungsarbeit, München , 頁68。

15 獨享立法權亦可稱為專屬立法權。

16 綜觀73共計11項專屬聯邦的立法事項，則可發現：列入該範圍的事項主要屬於全聯邦國共同一致性的事務，表現於外交、國防、經濟、貿易、財金、貨幣、邊界保護、通商、交通（指：航空及鐵路）、郵電等方面；此外，國籍、移民、聯邦與各邦合作（指：刑事警察及自由民主基本秩序的憲法保護等）等事務亦歸屬之。基本法不僅以第73條，而且還用其他多項條文來明定專屬聯邦的立法事項，如：第105條第1項，其中規定：聯邦獨享對關稅及財政專賣的立法權。

17 H. Laufer／U. Münch, 前引書, 頁97。

行使其立法權,則各邦享有立法權。依第2項,只要聯邦國內同等民生條件的營造或符合全國利益下法律或經濟統一的維護致使聯邦立法規範之舉成為必要,則聯邦享有立法權。按第3項,聯邦立法規範之舉已無前項所稱的必要性者,得經聯邦法律規定,以邦法律取代之。

由上述規定可知,在競合立法範圍中,聯邦行使立法權的先決條件是:營造全德國同等的民生條件及維護全國法律和經濟的統一。值得關注者,1994年10月27日修改基本法第72條之前,本條第2項規定除了上述內容以外,還包括了學者勞斐爾(Heinz Laufer)所稱的「需要性條款」(Bedürfnisklausel)[18]。至於各邦對競合立法事項行使立法權的法定先決條件則為:聯邦未曾透過法律行使立法權者;或聯邦立法規範之舉不再必要者。基本法第74條明定競合立法範圍,按2001年版本的本條文,其中列舉26項競合立法事務。[19] 此26點競合立法事項是歷年來陸續增加的結果。

由於聯邦可藉「營造全國同等的民生條件及維護法律和經濟的統一」、或「有效規範」、或「確保整體利益」之理由,主張情況所需的聯邦立法規範之舉,因此競合立法在1994年修憲之前實際上幾乎已變成聯邦獨享立法。在西德時期聯邦立法日益擴權及因此造

---

18 其規定如後:在競合立法範圍內,只要聯邦立法規範之舉的需要性因為兩種情況之一發生而存在,則聯邦享有立法權:其一,一事務透過各邦立法而未能獲得有效規範;或其二,一事務透過某邦立法所作的規範可能損害到其他邦或全國整體的利益。
19 競合立法事項大體列舉如下:民法刑法及法院組織、集會結社、外籍人士居留權、、武器彈藥管制、文化資產保護(1994年10月27日修憲廢除)、社會救濟、邦籍(1994年10月27日修憲廢除)、經濟法(礦業、工業、能源經濟、手工業、商業、貿易、銀行證券業、民營保險業)、和平用途之核能生產及利用、勞動法(企業組織法、勞動保護、社會保險等)、公用徵收、土地及天然資源等公有化、經濟權勢濫用之防範、農林業生產之促進、土地法、傳染病防治措施、醫院經濟之保障、食品及民生必需品之保護、陸路交通、非屬聯邦營運之鐵路,垃圾清運及空氣噪音污染之防治、國家責任等。

成聯邦國走向單一化的趨勢下，各邦治權（尤其是立法權）行使空間相對縮小，各邦治理上應有的因地制宜性被漠視，最嚴重的政治後果不外：邦民利益遭到犧牲；聯邦國保障各邦地位及權益的原則被破壞。此種趨勢幸賴1994年10月的修憲而呈現扭轉之機。

　　最後，基本法規範還包括「聯邦通則立法」。針對第75條列舉的所有事項，聯邦在符合第72條適用於競合立法的先決條件下，享有為各邦立法頒布通則的權力。「聯邦通則立法」意思指：為達各邦立法的目的，聯邦制定以通用立法原則為內容的法律「通則法」，各邦再依據通則法，完成第75條所列事項的立法。1994年修憲前，第75條的規定較有利於聯邦。[20] 可確定者，聯邦通則立法權的行使基本上框限了邦以實質明細內容來完成立法的空間，是故同樣妨害到各邦權益。藉助本條的修改，通則立法的規定如同競合立法，也被嚴格化；在參考歐洲聯盟架構下歐洲共同體「準則立法程序」的同時，增訂出「通則」制定上應遵循的規範。本條修改增列第2項，要求：通則僅得在例外情況下含有細節或直接適用的規定。各邦原本試圖利用修憲，以刪除或限制聯邦對高等教育學制原則的通則立法權，結果受挫於聯邦的堅決反對。由此顯現出，聯邦在修憲上始終具有決定性的影響力。[21]

---

20 第75條指出：聯邦在合於第72條規定的條件下，對1.各邦、鄉鎮公職人員及其他公法團體服務人員的法律地位；1之1.高等教育學制的一般基本原則；2.報業及電影業的法律地位；3.大自然保護、景觀維護等；4.土地分配、區域規劃等；5.戶籍登記及國民身分證明事項，享有頒布通則之權。

21 按基本法第79條第2項規定，修改基本法之法律需經聯邦議會議員總數的3分之2及聯邦參議院總票數的3分之2的同意。是故，聯邦議會得以超過3分之1的多數，否決修憲案，藉此發揮決定性的影響力。

聯邦與各邦立法分權上扣除聯邦獨享立法權、競合立法範圍中聯邦以必要為理由行使的立法權以及聯邦通則立法權，其剩餘的結果即為專屬各邦立法權行使的範圍。對此立法範圍，基本法未以特定條文作任何規定。可想而知，餘留給各邦獨享的立法權範圍相對於聯邦權力範圍，頗為狹小。[22]

小結

德國傳統保守型社會向來以各階層間的和諧與團結為貴，社會衝突被視為嚴重脫序的亂象，從而引發各方憂懼。是故，一旦發生社會利害衝突，德國朝野上下在沒有培養出基本的調解及妥協能力下，無從化解衝突，脫離困境，恢復社會正常秩序。實例一即為：德意志神聖羅馬帝國統治期內爆發「三十年戰爭」（1618-1648年），流血衝突長達數十年之久，致使國家與民族元氣喪失殆盡。實例二則為：威瑪共和治理下，保守、自由及社會民主各政黨互不相容；極左與極右政黨勢不兩立，全面性地腐蝕共和國的國基。

早期德國民眾的政治冷漠態度歸因於古典主義與浪漫主義對公民與政治關係的負面觀點。基此，被扭曲為污穢交易的政治無需公民關切及參與；理想公民係遠離政治事務者，故而具有非政治屬性。於此同時，兩大固有觀念：君主國中央皇權至高無上；國家機

---

[22] 各邦獨享立法權範圍擴及下列法律及事項的立法：1.邦國法（重要者如：邦憲法、邦議會組織法、邦政府組織法、邦議會選舉法）；2.縣、市、鄉、鎮相關法規；3.地方警政法；4.文教事務（中等教育以下學制、社會教育、古蹟保護）5.報紙及廣播事業。

關管束和監護人民，更徹底消除公民問政與參政的意念。

　　傳統政治文化的特點影響到戰後西德建國初期的表現。國家政治、社會及經濟秩序中展現各方力量多元競爭局面，整體而觀自有其平和性及建設性，並未激發導致脫序的衝突或對立。此種現象可謂肇因於懼於衝突、而力圖避免其發生的傳統文化特點。普遍民眾面對初興的波昂共和，一時難以正面調整其對政治根深柢固的偏差態度。主因則同樣歸於固有的特殊政治心態所使然；從帝制時代的政治疏離或冷漠，經威瑪共和亂象中的去共和精神化，演變為納粹德國極權下的政治狂熱。從政治冷漠到政治狂熱，由此彰顯出兩極化的政治態度。西德人民歷經10年對民主政治的重新體認和演練，1960年代起才逐漸走出偏差，轉向益加積極主動的政治參與態度和行為，為參與型政治文化奠下基礎。至於中央權力至上的傳統觀念對西德聯邦與各邦分權治理的影響，則表現在基本法強化聯邦層級立法權、行政權及財稅權的事實上；相對於此，各邦權限受到制約，尤其以立法權的行使為甚。

　　綜合而論，戰前傳統政治文化的特點並未因二戰的結束而化為烏有，事實上不僅傳承至戰後，而且影響及於聯邦共和國治理初期的政治生態。可喜的是，此種影響為時不長，是故對國家發展產生的負面後果不大。西德建國後的第一個10年，可視為傳統臣服型政治文化蛻變成現代參與型政治文化的關鍵期，在後德意志民族國家政治精神面的發展上，留下價值非凡的一頁。

第**伍**章
德意志聯邦共和國立國後至東、西德
統一前的政治文化

　　相對於戰前政治文化種種現象，無論就帝制時代與納粹德國時期所呈現出的完全沒有公民參政的臣服型政治文化，或與威瑪共和時期初次實習民主政治及公民參政、民主認知度及參政成熟度嚴重不足的有名無實之民主政治文化相比較，戰後聯邦共和國治理時期的政治文化表現，確實截然不同，彰顯出普遍公民積極、主動參與政治及社會公共事務的行為模式，因而孕育出民主政治穩定上不可或缺的「參與型政治文化」。

一、戰後德國政治文化的轉型及其成因

　　現代德國政治文化，在西德波昂共和建立後未久，即已完成有利於民主政治發展的建設性轉型；從戰前臣服型政治文化，轉型為戰後參與型政治文化。無可否認，一國政治文化的轉變，基本上代表著公民個人及群體對政治的基本圖像、認知模式和價值評斷發自內在的大幅調整或改變。此種內生的轉變絕非一蹴可幾，實需假以時日，而以循序漸進方式，始得完成之。以德國為例而言，歷經10到20年的再體認、再學習及再磨練，政治文化朝全民政治參與方向的轉型始竟其成。

　　探討此種重大轉變的成因，係出自於多方面的條件和情境。大

體而觀，轉型成因歸功於五方面，逐一精述如下：

（一）德國人牢記歷史教訓，對民主真諦自我覺醒

　　西德人民牢牢記取威瑪共和挫敗的教訓，並永誌不忘盲目支持極右激進民族主義及其極權政權所帶來的浩劫，從對歷史的深刻省思中，獲得正確的體認和啟示，內生對共和國精神及對人權、平等自由和民主法治真諦的自我覺醒，進而以關心政治及積極參政的行動，來明示對西德基本法國家及其憲政民主和議會政治的認同。

（二）西德聯邦與各邦落實對民眾的民主政治教育

　　在聯邦政府與各邦政府文教部策劃下，聯邦與西德10個邦皆設置「民主政治教育中心」[1]，大力推動對社會全民的民主政治教育工作。此項別具意義的工作置重點於：透過憲政民主相關專書、研討會成果報告、國情手冊及其他文宣資訊，並舉辦公民論壇等活動，讓一般民眾基本上瞭解聯邦共和國的憲政秩序與民主政治的實際運作，尤其是使公民正確認知本身在民主政治中應扮演什麼樣的角色。另在學校教育方面，則各級學校配合政府的努力方向，藉由發揮思想教育的潛移默化功能，以期建立青、少年學子對國家憲政、民主政治和國家治權機關正確的認識，進一步培育戰後新生代的民主素養及國家認同感。

---

1 聯邦層級設有「聯邦政治教育中心」（Bundeszentrale für politische Bildung）；各邦層級設有「邦政治教育中心」（Landeszentrale für politische Bildung）。聯邦共和國由16個邦構成，每個邦皆在政府支助下成立了邦政治教育中心，例如：德國面積最大、居民人數次高的「巴伐利亞邦」（Bayern）所設者全名為「巴伐利亞邦政治教育工作中心」（Bayerische Landeszentrale für politische Bildungsarbeit）。

（三）西方三國引導德國人重建分權式民主政治

二戰中戰勝的西方工業資本主義民主國家（美、英、法三國），尤其是美國，努力將本國的政治價值觀及民主政治運作模式引進其在西德的佔領區，藉以引導德國人及時建立起共和民主秩序、現代化的公民社會及其文化。此項來自國際的努力，符合1945年8月戰勝國為確立佔領德國政策原則所簽定的「波茨坦協定」。[2]該協定政治原則部分有兩點相關規定：1.以民主政治為基礎改造德國人的政治生活方式；2.朝政治組織結構分權及地方自治方向，協助德國建立分權的立法與行政體系，同時賦予所有民主政黨公開活動的權利，並積極鼓勵之。事實上，西方三國未久即公開宣布開放黨禁。基此，是年秋，德國西區政要陸續積極展開組織新政黨（即指：基民／基社聯盟及自民黨）或重建政黨（即指：社民黨）的努力。就此，德西民眾取得加入合法的民主政黨之機會。

（四）德國傳統地方自治制度重建

歷史上德國地方自治的萌芽歸因於1808年11月「普魯士城市自治條例」（簡稱：市自治條例）的施行。市自治條例的通過一方面歸功於部長史坦因（Heinrich F. K. Reichsfreiherr vom Stein）與哈登堡（K. A. Freiherr Hardenberg）政治改革的努力，另方面，傳統地方自治的建立可視為北德新興中產階級合力爭取的成果。該條例賦予普魯士公民在君主專制下空前的自行管理地方事務之權利。基於地方自治制度，公民直接參與地方的立法與行政。地方自治的施行

---

2 「波茨坦協定」重要規定，請參閱葉陽明，1990 西德政黨論，台北黎明文化事業公司，頁85-86。

還能發揮整合中產階級勢力、藉以產生政治影響力的功效。如此一來，北德的地方自治開啟了德國公民社會中公民自願參與公共事務的先河。然而，對當時的公民而言，地方自治的參與既是一種權利，也是一項義務。[3]

　　納粹德國極權統治時期，地方自治被徹底粉碎。戰後，西德建國前對德國分裂具有決定性的4年中，德西各邦在邦政府力爭下，傳統的地方自治制度得以重建，進而全面啟動漸進式的革新。地方自治制度賦予地方公民親身、最直接參與、監督及治理地方公共事務的正當管道。在地公民經由參與自治範圍的立法與行政，培養出從民主政治最基層關心地方公共事務，並投身於自治任務的情操。

（五）德國式既分權又合作的聯邦制促進公民參政的態度及行為

　　依據基本法所建構的德國聯邦制，得以發揮促進公民參政的功能，提供了民眾多種直接或間接參與公共事務的機會和管道，藉此增進公民個人、民間社團、政黨及國家機關間的密切聯繫及互動。簡言之，德國聯邦制的實踐能夠造就參與型政治文化的生成、發展和鞏固。

　　何以能成就如此局面，探其主要原因，可歸因於聯邦制的多項優點。聯邦制至少具有以下3項優點：1.滿足民主政治中公民參與政治的需求；2.落實分權並鞏固法治國；3.造就多樣化並強化良性競爭。其中，與本文主題的研究有直接關聯者，便是第1項優點：

---

3 參閱葉陽明 2007 初探新世紀德國公民社會中的公民自願參與，會議論文發表於2007年「台灣政治學會」年會暨學術研討會，2007年11月台灣政治學會與國立政治大學國際事務學院聯合舉辦。

滿足民主政治中公民參與政治的需求。對此精簡論述如下：

　　相對於單一制國家，德國的聯邦制透過與聯邦地位平等的各邦政治之合憲自主運作以及鄉、鎮、市的地方自治，提供德國地方公民較多接觸政治事務及參與並影響政治的機會和空間，藉此能滿足民主政治中公民普遍參政的需求。採行單一制的國家在中央集權或即使分權但是中央與地方權位懸殊之下，自然不易讓地方公民對國家政策的制定發揮較大的影響力。此外，單一制國家基於中央統治高權的貫徹，比聯邦制之國，更要求人民對政府機構行政命令的服從。

　　國政活動範圍持續的擴大是當前各國普遍的趨勢。德國聯邦制的組織形態有助於德人將日益多樣化而錯綜複雜的公共活動作合理的分類，以便於掌握政治動向，並監督當政者的施政措施。聯邦國中邦以下的基層地方官員能更接近民眾，與民眾保持較密切的聯繫，從而深入瞭解民間疾苦，針對地方問題癥結，對症下藥，為民造福。是故，德國因厲行聯邦制，而致使國政運作即使在錯雜的後工業社會中，依然流暢，層次分明。

　　由前述可知，德國聯邦制建構的民主政治能滿足公民積極參政、影響政府決策及監督施政績效的基本要求。即使聯邦制不是貫徹民主政治上絕對的必要條件，然而聯邦制基本原則的徹底實踐，比之於單一制，更足以實現民主政治全民參政的基本理想。

二、西德政治文化的分期

如何將聯邦共和國參與型政治文化的發展在西德式民主政治運作中合理地分期？德國政治學界提出見仁見智的分法。綜合而論，歸納出4種分法如下：

（一）以歷任聯邦總理治理期來分期

按此種分法，政治文化發展劃分為：1. 艾德諾執政期（1949-1963年）；2. 歐哈德（Ludwig Ehard）執政期（1963-1966年）；3. 季辛格（Kurt Georg Kiesinger）執政期（1966-1969年）；4.布朗德（Willy Brandt）執政期（1969-1974年）；5. 施密特（Helmut Schmidt）執政期（1974-1982年）；6. 柯爾（Helmut Kohl）執政期（1982-1998年）。[4] 合計6期。

（二）以每十年為一期來分期

按此種分法，政治文化發展劃分為：1. 1950至1959的50年代（第1期）；2. 1960至1969的60年代（第2期）；3. 1970至1979的70年代（第3期）；4. 1980至1989的80年代（第4期）。合計4期。

（三）以政局特點來分期

按此種分法，政治文化發展劃分為：1. 艾德諾「總理民主政治」初創期（1949-1963年）；2. 政治變遷期（1963-1969年）；

4　柯爾執政期（1982-1998）從西德波昂共和時期，跨越德國再統一的1990年，延續到德國「柏林共和」誕生的前兩年。

3. 社民／自民兩黨聯合執政期（1969-1982年）；4.基民／基社聯盟與自民黨聯合執政期（1982-1998年）。合計4期。政治學者宋海莫採用此種分法。

（四）以國家發展階段來分期

按此種分法，政治文化發展劃分為：1. 聯邦共和國建設期（1949-1966年）；2. 共和國改革期（1966-1973年）3.共和國正常化期（1974-1989年）。合計3期。政治學者葉賽（Eckhard Jesse）[5]採用此種分法。

（五）綜合性的分期

作者綜合以上分期內容，並融入個人獨到的見解，就西德政治文化，劃分為7期如列：1. 聯邦共和國孕育期（1945-1949年）；2. 西德建國暨總理型民主政治初創期（1949-1961年）；3.政黨政治調適的過渡期（1961-1966年）；4. 左、右兩大黨政勢力結合期（1966-1969年）；5. 社會民主浪潮的改革期（1969-1974年）；6. 國內情勢環境與國際情勢互衝期（1974-1982年）；7. 保守勢力捲土重來的革新期（1982-1989年）。以下分別精要闡明各個時期政治文化的特色：

1. 聯邦共和國孕育期

此時期內，德國傳統政治文化式微。相對於此，德西受到西方

5 葉賽任教於德國特利爾（Trier）大學政治學研究所及肯尼茨一慈威考（Chemnitz-Zwickau）科技大學。其學術研究專長領域在德國政治激進主義與憲政民主秩序間的緊張關係。

戰勝國的主導及援助下，漸進式孕育出帶有西方政治基本價值觀的
現代化民主政治文化。

2. 西德建國暨總理民主政治初創期

　　基本法自由民主憲政秩序奠基，促使西德現代化民主政治文化
擺脫傳統臣服型文化負面因素的束縛，朝參與型民主政治文化方向
生根，成長及發展。同時另方面，首任聯邦總理艾德諾（被西德人
民譽為：「聯邦共和國之父」）樹立總理型民主政治的典範。此種
典範讓民眾認知到，國家政府領導人的民主領導風格及其以全民福
祉為施政導向的政績，是決定國家政治安定、經濟繁榮及社會健全
的關鍵。此外，以中產階級權益為依歸的保守型政黨掌握國家政治
發展方向，如何給參與型政治文化帶來特定程度的保守色彩。

3. 政黨政治調適的過渡期

　　此時期內，西德雖然已建立了堪稱完整的政黨體系，並展開政
黨政治中政黨間公平的合作與競爭，由此孕育出民主開放的政黨政
治文化，但是用以規範政黨權利與義務的「政黨法」尚未產出，因
此在參與型政治文化發展中民主政黨間努力相互調適，以建立良性
互動。一年後（1967年）政黨法生效施行，政黨政治邁上制度化之
途，日益趨於穩定。

4. 左、右兩大黨政勢力結合期

　　60至80年代期間，是國會政治最單純和透明時期，歸因於第三
勢力自民黨退出政府，聯邦議會中除了社民黨與基民／基社聯盟
左、右兩大黨以外，祇有第三勢力自民黨。由於第三勢力自民黨退

出政府，無意在聯邦執政，造成原來執政的基民／基社聯盟別無選擇，必須與政治理念頗有差距的社民黨聯合組閣。於此，聯邦政治出現第1個「大聯合政府」。

　　大聯合政府治理，對政治文化的意義見於正、負兩方面。正面意義在於，讓西德全民認知到，在波昂共和政治中，即使左、右兩大政黨也不會水火不容，可以合作執政。大聯合政府治理模式給予全民一個珍貴的啟示，即為，民主政治是既能包容、又足以調和的政治。負面意義則見於，在兩大黨聯合執政下，國會政治中缺乏強有力的在野黨，對政府施政得失善盡名副其實的監督之責。如此政局，不僅導致國會政治文化的失調，而且激起國會外部反政府勢力的活躍，對國家安定及民主政治文化的成長，造成嚴重影響。反政府運動中，引起嚴重後果者不外乎「激進大學生抗議運動」；此種運動的發展為西德國內恐怖主義的起源。

5. 社會民主浪潮的改革期

　　1960年代末了，西德出現首次政黨執政的輪替。保守政黨執政長達20年後因敗選而下台。接掌國家領導權者，則非社民黨莫屬。該黨在10年前已完成脫胎換骨的體質轉型；從勞工黨轉型為全民政黨。社民黨秉持社會民主思潮中落實社會公平及正義的理念，主張釜底抽薪，啟動國家全面性的改革。改革努力擴及政治、經濟、社會、教育、勞動市場等項。另在外交政策及對東德的所謂「德國內部關係」方面，也呈現空前的突破。

　　由社會民主思潮推波助瀾進行的改革，對邁入70年代的西德政治文化發展有何等意義？意義至為透明，即為：國政全面改革旨在革除過去保守型政治的積弊，開創因應時代變遷的國家新局面，並

不斷追求社會國的進步及健全化。透過落實國政改革，使全民體認到，在參與型政治文化發展上，西德社會公平與正義的真正實現，才是政治文化自我提升的原動力。

6. 國內情勢環境與國際情勢互衝期

　　施密特政府上台後立即飽受國內情勢環境與國際情勢的交互衝擊。此種直接高度威脅聯邦共和國安定的衝擊力源自於下列殘酷的事實：國際石油危機引起的能源及全球經濟危機造成西德經濟衰退及大眾失業率急劇增高；美國與蘇聯間中程核子飛彈競賽迫使西德政府接受「北大西洋公約組織」在西德境內部署中程核子飛彈的決議；激進大學生抗議運動落幕後西德國內崛起的恐怖主義組織及其猖狂的恐怖攻擊行動；生態政黨「綠黨」標新立異，該黨的崛起引起國家政治、經濟及社會高度的波動，國會政治的單純化及透明化從此降低。綠黨反傳統型政黨的組織結構與特立獨行的活動和行徑，基本上可視為體制內與傳統建制型政黨對立的一股新政治勢力。綠黨自命為「選擇性政黨」；該黨事實上並未扮演好一個提供選民作較佳選擇的角色。

　　面對國內情勢環境與國際情勢的互衝，聯邦政府不但沒有陷入處理上的焦頭爛額，舉足無措，反而能進退有據，沉著因應詭譎多變的惡劣情勢。因此，國內、外危局始得逐一化解。此前所未有的動盪，對西德政治文化演變具有重大意義。意義一方面在於，使人民明確認知到，基本法自由民主憲政秩序的穩固實為國家經得起驚濤駭浪衝擊的最有力憑藉。另一方面，促使全民提高危機意識，警覺到多元開放的民主政治有其弱點，便是易於遭到滲透、攻擊甚至顛覆。是故，西德式民主政治及其文化亟需凝聚全民力量的強勢防

禦。民主政治秩序絕不可欠缺自我保衛的實力。

7. 保守勢力捲土重來的革新期

　　西德政壇第二次的政黨執政大輪替發生在1982年。基民／基社聯盟及其夥伴自民黨運用基本法規定的「建設性不信任投票」程序，推翻施密特少數政府，循由此途重獲執政權位，繼而再動用「信任案」程序，促成聯邦議會解散，藉由重新大選中的勝選，確保執政權位。保守勢力捲土重來的發動者即為柯爾（被媒體戲稱：艾德諾之金孫）。重登聯邦總理寶座的柯爾捨棄基民聯盟早期的右派保守路線，倡導中間偏右的「中道執政」，並勵行國家全方位革新（Erneuerung）。在外交政策及對東德關係上，中道執政者也擺脫過去保守黨漢賊不兩立的極端反共路線，持續推動70年代社民黨引進的「東鄰政策」，同時在主張「積極和平政策」下致力改善與東德的關係。

　　8年後成為德國統一大英雄的柯爾，在他主政的16年期間，對西德（1990年統一後仍稱聯邦共和國）政治文化發展無疑作出值得肯定的貢獻。貢獻表現在，中道執政讓全民體認到，政治上左、右的中和有助於致使德國順利邁向21世紀；國家全方位革新帶動政治文化更進一步的現代化。

三、參與型政治文化的實際表現

　　聯邦共和國在西德時期造就出的參與型政治文化實際表現在哪

些事實上？換言之，有哪些政治上的實際成果可作為參與型政治文化的證明？針對此一問題，此處以兩項事實來引證波昂共和時期所表現出的參與型政治文化，即為：（一）重要政黨黨員人數的與時俱增；（二）歷屆聯邦議會選舉投票率的居高不下。

（一）重要政黨黨員人數的逐年增加

事實顯示，西德建國後，各個重要政黨黨員人數呈現與時俱增現象。此種正面的現象藉由下列表5-1反映出來：

表 5-1　重要政黨黨員人數與時俱增的狀況 （1949-1978 年）

政黨\年份	基民聯盟	基社聯盟	社民黨	自民黨
1949	210,000	45,000	736,200	81,000
1952	212,000	52,000	627,800	83,000
1956	245,000	43,500	612,200	85,000
1960	255,000	52,500	649,600	--
1964	280,000	--	678,500	90,000
1968	286,500	73,600	732,400	57,000
1970	329,200	85,000	820,200	56,500
1972	423,000	107,000	954,400	57,800
1974	530,500	122,800	957,300	70,900
1976	652,000	144,000	1,022,000	79,000
1977	664,000	159,000	1,006,000	79,000
1978	670,300	160,000	1,000,000	80,000

資料來源：H. Rausch 引用 Emil Hübner 整理的結果，刊於：H. Rausch，前引書，頁21。

表5-1顯示，30年期間，所有政黨中，除了基民聯盟黨員人數逐年增長以外，黨員數皆呈現小幅度的高低起伏現象，基本上可謂

與時俱增。其中，基民聯盟與基社聯盟兩黨黨員總數增加最多。前者增加3倍以上；後者增加接近4倍。至於社民黨方面，黨員總數自始便居最高，雖然增加幅度不大，但是時至1970年代末期，能高達百萬之多。自民黨黨員人數在1960與1970年代交替時跌幅最大，然而終究仍能維持原來的總數。

　　政黨係由一群公民結合組成的政治團體，此種政團力圖長期在聯邦或各邦內，促進國家政治意志的凝聚，並在聯邦議會或各邦議會中代表民意。[6]進入議會、占有特定席次的政黨，尤其是多數黨，享有優先組織政府、執政，以實現國政理想的機會。基於此項認定，加入認同基本法秩序的民主政黨，無疑是德國公民參政上有效和理想的途徑。

（二）歷屆聯邦議會選舉投票率的居高不下

　　西德時期國會第一院聯邦議會總共舉辦了11次選舉。總體觀之，大選中的投票率皆高達8成以上。此種表現與先進工業民主國家相比，不僅毫不遜色，而且顯然偏高。以直接民主制度最為發達的瑞士為例，1977至1997年期間舉辦的歷屆眾議院（Nationalrat）選舉及特定議題的公民投票，全國投票率平均為4至5成。[7]表5-2顯現西德聯邦議會11次選舉的全國投票率。

　　由表5-2的數據來看可謂，西德時期國會大選的超高投票率可傲視全球所有國家。除了1987年微幅低於85個百分點以外，投票率皆超過8成6。從選舉投票是民主政治公民最基本的政治參與行

---

6 參閱德國「政黨法」第2條第1項關於「政黨」概念之界定。
7 參閱Wolf Linder: Das politische System der Schweiz, in: Wolfgang Ismayr（ed.）1997 Die politischen Systeme Westeuropas, Leske＋Budrich, Opladen, 頁456。

為角度觀之，值得肯定的是，聯邦共和國建立時，西德選民面對第1屆聯邦議會選舉，便表現出踴躍投票的行為，使投票率自始即高達87.5%。往後幾近40年，選民在投票率表現上，確能保持優良紀錄。尤其難能可貴的是，1970年代的兩次大選，投票率竟升高到9成以上，實為舉世各國國會選舉中所罕見。

與投票行為相關的有趣問題則為選民赴投票所投票的動機。依據德國「曼海姆選舉研究團隊」（Mannheimer Forschungsgruppe Wahlen）1976年進行的民調結果，受訪者中的48.7%相信，透過投票，得以影響國家的政治決策；將投票視為國家公民應盡的義務者，佔46.7%；受到民眾普遍去投票的表象影響而投票者，僅佔2.9%。此外，另有極少數人認為，投票簡直就是浪費時間。[8]

此項調查結果讓人瞭解，幾近半數的受訪者對投票抱持積極、正面態度，便是：影響國家政策的制定。此部分選民顯然將投票視為公民的參政權利。相形之下，同樣也有幾近半數的受訪者，秉持履行義務的態度，來看待投票。換言之，此等選民視投票為一種責任。事實上，西德基本法及「選舉法」（Wahlgesetz）未曾訂有國會選舉採行義務或強制投票的規定。視投票為盡公民義務者，或多或少受到傳統政治文化中公民角色認知的影響。

以上援引的兩項事實是否足以證明西德時期的政治文化符合參與型政治文化的條件？此為見仁見智的問題。不容否認，從述及的兩大事實中，可確定，波昂共和治理下，公民個人及群體在政治參與上體現出史無前例的積極態度及行為。

---

8 參閱Theo Stammen: Politische Kultur-Tradition und Wandel, in: Josef Becker （ed.）1979 Dreißig Jahre Bundesrepublik Tradition und Wandel, München, 頁24。

表 5-2　西德聯邦議會 11 次選舉的全國投票率（1949-1987 年）
　　　　（單位：百分點 %）

大選年	投票率
1949	87.5
1953	86.0
1957	87.8
1961	87.7
1965	86.8
1969	86.7
1972	91.1
1976	90.7
1980	88.6
1983	89.1
1987	84.3

資料來源：H. Rausch，前引書，頁 21。Mario von Baratta (ed). Der Fischer Weltalmanach
　　　　1981,1984,1988 Zahlen Daten Fakten, Staaten Deutschland, Fischer
　　　　Taschenbuch Verlag, Frankfurt am Main.

四、西德政治文化中民眾對政治的基本圖像、認知及價值評斷

　　如前所論，民眾對西德民主政治的基本圖像、認知及價值評
斷，簡化之謂，民眾的政治態度，決定波昂共和40年的參與型政治
文化。基此根本觀點，西德人民面對國家政治的態度成為探討參與
型政治文化的關鍵議題。此處，從6個相關的重要面向，來探究西
德民眾的政治態度，包括：（一）民眾對國家發展前景的評斷；
（二）政治象徵體的欠缺；（三）人民對基本法的認知及態度；
（四）民族與國家認同；（五）民眾對極右納粹主義思想的態度；

（六）人民對西德式民主政治及政府的態度。

（一）民眾對國家發展前景的評斷

　　宋海莫認為，德國傳統政治文化的包袱雖然沉重，但是還不致左右普遍西德人民的政治思維、態度和行為，使一般民眾產生反對基本法憲政民主基本原則的動機。1978年，另位德籍政治學者魏登曼（Rudolf Wildenmann）[9]以調查結果補充地指出：『非但如此，多數民眾，尤其是青、壯年一代，對於國家發展的前景，甚至抱持希望和信心。年輕代對西德民主政治滿懷信賴感的程度，猶如彼等確信，在物質生活上已經獲得基本的滿足和保障一樣。』[10]最足以證明青、壯代對西德式民主政治的信心者，便屬一項經調查所確定的事實，即為：18至23歲及24至29歲的受訪者中，分別有38%及36%的年輕人，特別以聯邦共和國的民主政治為驕傲。這項事實顯示，為數頗眾的年輕人自發性地認同自由民主秩序。年輕代肯定自由民主具有無上價值的事實，也可藉由其他調查結果加以確認。比如：依據可靠的訪調顯示，西德青少年與歐洲其他國家同年齡層者比較，在採取非法或暴力行動方面，顯現的程度最低。[11]

　　兩方面的民調結果，對於瞭解西德民眾就國家發展前景的評斷，具有參考價值。一方面，1970年代，「阿冷斯巴赫民意調查研究所」就國家發展前景相關問題進行追蹤調查。該所詢問民眾問題如後：您以什麼樣的心態來迎接新的一年？表5-3顯示詢問結果。

9　魏登曼教授任教於德國科隆大學政治經濟研究所。
10　參閱H. Rausch, 前引書，頁28-29。本書作者援引魏登曼之說法，刊於：Capital-Erhebung 1978 Das neue Nationalbewußtsein, in :Capital 17（1978）Heft 10，頁83。
11　H. Rausch, 前引書，頁29。

　　表5-3數據顯示，除了1973和1974兩年以外，以希望來迎接新的一年者，達到受訪者的過半數。由此可知，70年代西德大多數民眾對國家發展前景抱持樂觀的態度。1973年爆發全球性石油危機，從而導致能源及經濟危機。西德並非產油國，受害至深。國家經濟衰退的頹勢使人民多半不敢持有樂觀的期待。相對於此，民眾中憂心或恐懼者的比率大幅增高。

　　1979年，該所單就受訪者不同的年齡層，進行同一個問題的探詢。其結果呈現於表5-4。

表 5-3　您以什麼樣的心態來迎接新的一年？ （單位：百分點％）

心態　年份	以希望	以恐懼	以疑慮	無法決定
1972	60	13	17	10
1973	30	34	24	12
1974	44	25	21	10
1975	52	15	24	9
1976	54	15	21	10
1977	55	14	19	12
1978	60	10	17	13
1979	51	16	21	12

資料來源：H. Rausch，前引書，頁29。

表 5-4　您以什麼樣的心態來迎接新的一年？ （單位：百分點％）

年齡　心態	16-29歲	30-44歲	45-59歲	60歲以上
以希望	65	56	45	35
以恐懼	10	14	18	24
以疑慮	15	20	26	26
無法決定	10	10	11	15

資料來源：H. Rausch，前引書，頁30。

　　表5-4數據反映，受訪人的年齡層愈低者，對國家未來愈抱持希望；民眾隨著年齡的增長，對未來的疑慮及恐懼感愈大。可慶幸的是，青、壯年人（16-44歲）中，對未來感到有希望、而持樂觀期待者，為數明顯超過50%以上。此一事實印證前述的相關論點，便是：大多數西德青、壯年人對民主政治建立了信心。

　　另方面，同樣在1979年，「蓋洛普民意調查研究所」（Gallup-Institute）與德國「艾姆尼德民意調查研究所」（Emnid-Institut）合作進行國際性民調，詢問受訪人對來臨的1980年的看法。表5-5顯示調查結果。

　　國際比較下，除了瑞士與日本兩國以外，西德民眾對來年抱持樂觀看法者，在其餘各國中，為數最多。樂觀看法或期待的認定，是基於較好與維持不變兩項比率的合計。由此可見，西德在相關方面的正面表現，居於前位。

表 5-5　您對來臨的 1980 年的看法如何？　（單位：百分點 %）

看法 國家	比 1979 年較好	維持不變	比 1979 年較差
聯邦共和國	13	51	20
英國	16	13	66
奧地利	6	42	50
日本	22	46	15
西班牙	28	20	35
瑞士	26	56	14
美國	31	13	56

資料來源：H. Rausch，前引書，頁30。作者引用西德「明鏡週刊」Der Spiegel 1980年第3號資料。

（二）政治象徵體的欠缺

一國的政治象徵體，舉其重要者，如：國旗、國歌、國家紀念日、政治紀念性建築物等。這些象徵體代表民族與國家一體化的融合，得以發揮激發及增強人民對國家認同感的功用。

美國與法國的政治象徵體，基本上能使其國民產生政治上共屬一體、榮辱與共的感受。此種政治共同體感在人民心目中的深刻內化，致使儘管爆發政治危機或醜聞（以美國為例如：越南戰爭、水門事件；以法國為例如：阿爾及利亞危機），國家整體猶可經得起考驗，民心不至於潰散。相較於兩國，聯邦共和國的政治象徵體發揮的功用確實有所不及。

戰後德國分裂，西德自始只是德國的一部分，並非完整的德國。此項事實讓德國人民就一個完整的民族國家產生認同感，喪失基本的立足點。如此現象產生的後果見於聯邦共和國的國旗與國歌皆無法對政治及社會體系發揮充分的整合效用。如前所言，德意志民族欠缺民族歷史上的幸運，並非成長於一脈相承的歷史環境及政治境遇中。是故，根深柢固、世代傳承而能發揮整合效用的政治象徵體，難以成形，遑論施展其功效。耐人尋味的是，西德國歌不但沒有充分發揮糾合民心、激發愛國情操的功效，反而一度引起國家元首與政府領導人間的爭議。自民黨籍的聯邦總統賀義思（Theodor Heuss）與基民聯盟的聯邦總理艾德（Konrad Adenauer）曾經對於國歌內容發生爭執。[12]

1976年，艾姆尼德民調所進行一項有關國歌歌詞熟悉度的民調。該所詢問民眾的問題是：不少人認為，多數公民連國歌歌詞都

---

12 參閱H. Rausch，前引書，頁30-31。

不熟悉，您同意這種說法嗎？民調結果顯示，受訪者的83%表示同意；不同意者只有15%；2%不表示意見。以年齡層論，16至19歲的最年輕受訪人中，表示同意者，高達86%，在各個年齡層中，佔比率最高；居其次者，為30至49歲的青、壯年人。[13] 由此調查結果來看，絕大多數西德公民對本國國歌歌詞的熟悉度不足；表現最差者，便是戰後出生的新生代。

在具有代表性的國家紀念日之認定方面，德國人同樣遇到困難。德國史上未曾產出如同美國獨立紀念日（7月4日）、法國國慶日（7月14日）、中華民國雙十國慶日般深具建國代表性的紀念日。1871年1月18日為威廉一世／俾斯麥締造德意志帝國成功之日，然而，視此日為喚醒德國人民的自由民主意識之紀念日，確實極不適當。西德政府不宜將基本法公布之日（1949年5月23日）定為「行憲紀念日」，因為該法並非一部適用於全德國的永久性憲法。波昂共和政府當局為紀念1953年6月17日東德工人起義反抗社會主義政權，而定是日為「德國統一日」。未料，沒有得到西德人民的接受。如此一來，在代表性的國家紀念日上，西德時期幾乎呈現真空狀態。

政治紀念性建築物同樣欠缺。1969年當選總統的海聶曼（Gustav Heinemann）擬興建紀念堂，以喚回德國人對1848年中產階級為爭取國家統一而革命（三月革命）的記憶，然而國家元首的美意卻沒有引起民眾普遍的共鳴。因為此次革命並非由全民所發動，實屬自由派為了爭取本身權益的階級革命，終未成功。所以建堂之念並未獲得人民善意的回應。英國人以憲政民主傳統及議會政

---

13 參閱M. S. Greiffenhagen，前引書，頁332。

治發展的象徵體（即指：Westminster）為傲。反之，西德聯邦議會設址、並議事於暫時性國都波昂。位於東柏林境內的德意志帝國國會主體建築，為東德共黨政權所獨佔。對此具有國會政治紀念性的建築物，西德國會議員只有望之興歎。直到德國完成再統一大業後的第9年（1999年），國會與聯邦政府遷回柏林，實現還都柏林之盛舉，經過兼顧傳統與現代化的整修後，帝國國會主體建築始為聯邦議會議事所用。

　　綜合而論，波昂共和時期，有助於強化國家認同感的政治象徵體相當欠缺。主要原因則歸於德國史上所遭遇的政治命運。西德欠缺建立其代表性的政治象徵體之歷史先決條件。然而，就政治象徵體的欠缺，西德人民沒有原罪。雖然此種缺憾或多或少會負面影響到人民國家認同的育成，但是尚不至於阻斷認同感產生的生機。基本原因在，絕大多數西德民眾把對基本法自由民主秩序的認同，轉化為對聯邦共和國的認同。德國人的國家認同問題上，可用「往者已矣，來者可追」字句形容之，

（三）人民對基本法的認知及態度

　　就促進國民對國家的認同而言，基本法所能發揮的正面作用可謂有限。主要原因不盡然在於該法為一部當時德西政界代表在西方佔領國強制下所制定的根本法，而在於立法會議的代表過度強調基本法的過渡性及暫時性。一部具有此兩種特性的國家根本大法自然難以讓全民內生對基於該法的國家之認同感。此外，另有原因，即為基本法草案的批准程序。按當時既定程序，該法應交由德西10個邦的邦議會批准，而不需經過公民投票批准。未經公民投票或公民複決通過的基本法，如何能取得西德全民的完全認同及支持。

　　從民調結果看，民眾對基本法的認識是有限的。該法第20條規定以人民主權及治權分立（立法、行政、司法權）為內容。1979年的民調反映，受訪者中的57%表示對該條有所認識；然而，令人難以置信的是，認為第20條規定係引自於東德憲法者，竟然高達23%。另舉他例，基本法第26條旨在防範攻擊性內戰，確保國內和平秩序，卻同樣被部分西德民眾懷疑為東德憲法規定的仿照。又如，基本法明定多項社會國的基本原則及人民的自由權與其他基本權利，遺憾的是，為數不少的西德人竟然將社會國誤認為社會主義國家，因此視社會國基本原則為社會主義的東德憲法的原則。部分民眾之所以對基本法有著上述的誤解，原因即為彼等欠缺身為西德公民對該法應有的認識。本章前節所論及的民主政治教育之推廣，其目的不外乎藉由此途，以增進社會大眾，尤其是公民，對基本法、民主國、社會國及法治國的認識。

　　儘管出現前述難以避免的缺失或弱點，但是從根本上觀察，大多數西德公民仍然對基本法表示滿意。同樣在1979年進行的一次民調證實此種態度：受訪者的6成8反對制定一部新基本法；贊成制定新法者，僅有1成4。雖然多數西德人滿意現行的基本法，但並不意謂在他們的意識中業已認同該法。

（四）民族與國家認同

　　歷史上德國人對民族與國家因政治顛沛、國家發展無法一脈相承而難以產生認同感。德國人的自我認同上，主要對象是德意志民族，而不是德意志國家。換言之，就認同而言，民族與國家不宜一概而論，兩者間實有區隔。試問，千年以來，德意志民族應該認同哪個德國？神聖羅馬帝國？或威廉一世／俾斯麥德意志帝國？或威

瑪共和國？或納粹德國？或德意志聯邦共和國（西德）？或德意志民主共和國（東德）？或當今統一後的聯邦共和國？面對國家認同問題，德國人始終甚感疑惑？

　　西德建國之初的1951年，阿冷斯巴赫民調所以民調方式詢問民眾兩個相對性問題：本世紀何時是德國光輝時期？何時又是德國慘澹時期？表5-6讓人一目了然德國人的評斷。

表 5-6　依您之見，本世紀何時是德國光輝時期？（單位：百分點％）

德意志帝國（1871-1918年）	45
威瑪共和國（1919-1933年）	7
納粹德國（1933-1938年）	40
第二次世界大戰（1939-1945年）	2
戰爭結束後	2
沒有意見	4

資料來源：Alfred Grosser 1960 Die Bonner Demokratie. Deutschland von draußen gesehen, Düsseldorf, P22.

　　按照表5-6數據，儘管君主專制及極權統治的事實，然而絕大多數受訪人仍視俾斯麥帝國及納粹德國時期為光輝期，於此，為數頗眾的西德人竟以第三帝國統治期為德國盛世；反之，認為威瑪共和民主光彩煥發者，祇屬極少數。至於表5-7，同樣在威瑪共和國項目上，則顯示矛盾性的民調結果；視該時期為慘澹期者的比率相同於截然與其相對的光輝期的百分比。可確定的是，德國戰敗投降至戰勝國決定德國未來命運期間，在極多受訪人的評斷中，是慘澹無比的，程度遠遠超過兩次世界大戰。此外，西德建國為久，甚難展現輝煌局面，因此有極少數人並不看好初興的新德國。

表 5-7　依您之見，本世紀何時是德國慘澹時期？（單位：百分點 %）

第一次世界大戰（1914-1918 年）	3
威瑪共和國（1919-1933）	7
納粹德國（1933-1938）	2
第二次世界大戰（1939-1945 年）	8
戰後至德國分裂前（1945-1948 年）	70
聯邦共和國建立至今（1949-1951 年）	8
沒有意見	2

資料來源：Alfred Grosser 1960 Die Bonner Demokratie. Deutschland von draußen gesehen, Düsseldorf, P.22.

　　理所當然，上列兩表旨在呈現西德人對歷史上各個政局感到榮辱的評斷。此種價值評斷結果未必足以反映人民對國家的認同所在。換言之，被民眾視為光輝時期的德國，未必便是彼等認同的德國。尤其是表5-7中的最後一個時期，在民調進行時，為期最短，讓民眾甚難預估聯邦共和國未來的表現。儘管如此，猶可謂，兩表明列的數據，對國家認同的探討，或多或少能提供線索。

　　至少有兩項事實可證明西德人對聯邦共和國持有高度的認同感。首先，反對共產主義的意識形態造成人民對西德的認同。德國分裂後局面展現出，自由民主的聯邦制德國與社會主義極權的德國，無論在政治意識形態或在體制上，截然對立。西德朝野上下，除了活動於西德境內的「德國共產黨」（簡稱：德共KPD）[14]

---

14 德共KPD於1956年遭到聯邦憲法法院「違憲政黨」的判決。基此，聯邦政府依據政黨法規定的程序，執行「黨禁」處分，強制解散該黨。

及「德意志共產黨」（DKP）[15]以外，皆反對共產主義思想。西德建國後幾近20年內，在保守的基民／基社聯盟執政下，借助反共意識形態的工具，以劃清與蘇聯及其衛星國（東德及東歐國家集團）的界線。就連歷史上一度帶有社會主義色彩的社民黨也反對共產主義。反共思想成因有二，其一，鑑於蘇聯佔領區內德國人飽受喪失人之尊嚴、人權、自由及個人基本權利的痛苦；其二，記取極左共產主義與極右納粹主義的夾擊和火併是威瑪共和挫敗的主因之一。

其次，基本法自由民主的憲政基本秩序造成人民對西德的高度認同。雖然民調結果顯示，部分西德人對基本法內容欠缺應有的認識，然而此點並未從本質上負面影響到普遍民眾對基於基本法憲政規範的自由民主秩序的認同。除了少數激進政黨（如：極右「社會主義帝國黨SRP」、德國「國家民主黨NPD」；極左德共、德意志共產黨）及政治極端份子以外，普遍公民對基本法秩序予以明確的肯定及接受，並以實際行動支持憲政民主的貫徹。幾近全民確認，基本法秩序為個人及族群平等、自由的有效保障；人民基本權利唯有在共和民主體制下始得受到最高的尊重。

政治參與上表現積極主動的公民加入政黨，爭取各邦議會或聯邦議會選舉的黨內提名，或不加入政黨、而以無黨身分投入選舉，以求政治上的進身之階。至於無意參政者，則偏向獻力於社會與經濟範疇的事業。此部分人士造就的成果，實為西德立國以來，在社會市場經濟（Soziale Marktwirtschaft）及勞動社會

---

15 德意志共產黨DKP於1969年以被解散的KPD之後繼組織姿態成立。基於政治多種因素的考量，聯邦政府打消向聯邦憲法法院起訴該黨違憲的決定。德意志共產黨遂得以繼續活動，直到1989年東德何內克（Erich Honecker）極權政權瓦解、東西德完成統一之時，該黨失去過去蘇聯及東德的外援，黨勢才每下愈況。

（Arbeitsgesellschaft）領域，出現「經濟奇蹟」與社會安定的主要
決定因素之一。被名為「基本法之國」的聯邦共和國，不僅是自由
民主的聯邦國，而且也是以社會市場經濟為主體的社會國。

　　饒師指出，西德政治大環境中，由於憲政體制的健全，自由
民主秩序的成長，民主政治教育透過學校及社會的落實，加以政治
社會化及公民社會的發展，形成一股勢不可擋的力量。此股力量激
起西德民眾熱愛其基本法之國。德國社會科學界形容此種愛國意識
為「憲法愛國主義」（Verfassungspatriotismus）。憲法愛國主義概
念最初由史坦貝格（Dolf Sternberger）在1979年提出。1980年代中
期，德國社會學批判學派大師哈伯瑪斯（Jürgen Habermas）也曾肯
定此種政治文化的存在。依哈氏之見，西德人民普遍表現出一種憲
法愛國主義的精神；絕大多數民眾基於深植於他們信念中對基本法
原則及西方社會自由民主根本價值的認同和奉行，而忠於聯邦共和
國的憲政之治，並熱愛自己國家。[16]

　　值得引為佐證的還有，1971年的民調結果。此次訪調提供受訪
者對問題複選的機會。結果顯示，8成8的受訪者認定，西德為一個
充分保障個人自由的國家；認為國家在不斷進步中者，高達8成左
右；肯定政府在致力於建設繁榮的社會國方面已創出卓越的績效
者，也達到7成8。相對於此，8成上下的受訪者確認，東德政權嚴
格限制個人自由，是一個窮兵黷武的極權國。由此民調結果可推
知，絕大多數西德人民以確保彼等個人自由、成功造就分權民主政

---

16 參閱Heinrich August Winkler, Die Berliner Republik in der Kontinuität der deutschen
　 Geschichte,刊於：Werner Süß／Ralf Rytlewski（ed.）1999 Berlin Die Hauptstadt, Bonn, die
　 Bundeszentrale für politische Bildung, 頁243。

治、並促進社會國建設和發展的聯邦共和國為唯一認同的對象，而且此種認同感愈來愈強。至於社會主義的東德，雖然計有接近4成的西德人表示對東德國情感興趣，然而僅止於好奇而已。事實上，東德沒有任何讓西德人民產生對「另個德國」認同的先決條件。儘管1973年底聯邦憲法法院在對「東西德關係基礎條約」作出的判決文中認定，東德對西德而言，不是異國。[17]但是，仍有35%的西德人，其中以年輕人居多，視東德為異國。無疑，本國人民對異國是不可能產生認同感的。

由於西德人民以聯邦共和國為唯一的認同對象，所以欲求此6千多萬人擴大其胸襟，內生出一種對全德國的國族意識及認同感，實為遙不可及的苛求。全德國認同產生的先決條件不外乎德國完成再統一大業。事實顯示，直到東、西德統一前的3年（1987），從兩德情勢發展還看不出國家重歸統一的跡象。自1954年至1987年，民調結果顯示，西德人民贊成德國統一者，高達8至9成。即使如此，但是相信真正能統一者，自1970年後竟未及兩成；1987年比率最低，只有3%。[18]因為東、西德沒有統一的跡象，國際情勢又欠缺直接有利於德國統一的條件，所以絕大多數西德人對實現統一，抱持悲觀態度。只要德國再統一的理想無法實現，西德人對德意志祖國的認同則無由而生。

---

17 聯邦憲法法院對「東西德關係基礎條約」作出的判決文詳情可參閱葉陽明 1999 德國問題與兩德統一，台北國立編譯館出版，頁207-208。

18 參閱葉陽明，前引書，頁291。資料來源：DIVO, Emnid, Infas, Infratest 民意調查中心及德國文獻，1989年第10期，頁1139。

（五）民眾對極右國家社會主義思想的態度
1. 國家社會主義思想面面觀

　　儘管第參章中業已提及德國國家社會主義，然而此處確實仍有
對國社主義思想詳加論述的必要。國社主義意識形態根源於種族主
義思想、反猶太主義思想及達爾文社會進化論觀點。以種族絕對不
平等觀為思想基本出發點的國社主義與激進民族主義兩種極端思想
共同構成右激進主義（一般通稱：極右主義）。

（1）國家社會主義思想的根源

　　雖然國社主義無法完全涵蓋、也不足以代表德國極右主義思想
的全部，但是基於它由來已久的先導地位，並造就出20世紀德國史
無前例的極右納粹政權，興風作浪為期12年，改寫了戰後德國及歐
洲的政治史，對戰後聯邦共和國政局仍有相當強度的衝擊，因此在
探討德國右激進主義發展的脈絡中，對國社主義思想的討論不僅始
終保有高度的學術和實際價值，而且還有必要性。以下進一步闡述
其思想根源。

　　早在19世紀後半期，德國政治思想界出現一系列專論皆異口同
聲地鼓吹種族不平等及反猶太人思想，對國社主義信徒，尤其是
希特勒，思想的生成，啟發甚深。舉其重要者如：哥比內奧（Graf
Gobineau）所著《論人類種族之不平等》（1853）一書強調，唯獨
白種人才是文化的締造者，而在白種人中日耳曼的種族血統最為純
正，是故最為優秀；1873年，馬爾（Wilhelm Marr）呼籲日耳曼人
應警覺到猶太人的禍害，並對付此低等族群；1881年，國民經濟學
家杜林（Karl Eugen Dühring）出版《猶太人問題為種族特質、倫理
及文化問題》一書，藉以傳播相同思想；1899年，文化哲學家張伯

蘭（Houston Stewart Chamberlain）撰寫《19世紀之基礎》一書，更發揮散播反猶太思想的重大作用，為希特勒所反覆研讀。[19]

　　思想建構上，國家社會主義並非一種自始即具獨斷主張的單一封閉型意識形態，而是由多種相關的偏激思想融合而成的；它汲取種族主義與反猶太主義思想的精髓，並扭曲達爾文社會進化論中優勝劣敗的見解，從而融合三者成一體，以作為國社黨對內貫徹極權統治並掃除猶太人、對外厲行擴張侵略的信念依歸。[20]雖然國社主義無法完全涵蓋、也不足以代表德國極右主義思想的全部，但是基於它由來已久的先導地位，並造就出20世紀德國史無前例的法西斯政權，興風作浪為期12年，改寫了戰後德國及歐洲的政治史，對戰後聯邦共和國政局仍有不小衝擊，因此在探討德國右激進主義發展的脈絡中，對國社主義思想的討論不僅始終保有高度的學術和實際價值，而且還有必要性。以下進一步闡述其思想成份。

　　回歸理性的判斷，人種之間理所當然地因為與生俱來的不同血統、膚色及外表特徵而有所差異。此種差異無疑為自然的常態，人無分種別，生而平等，並無等級之分。然而，種族主義者卻力圖人種等級化，將天生的差異現象與種族品質的優劣及其等級的高低問題相提並論，強調兩者間存有必然的因果關係。換言之，人種的差異決定了所屬種族的良窳。種族主義者向持根深柢固的偏激態度，高估本族，歧視、鄙視或敵視他族；在誇耀本身先天條件優越及後天成就卓越的同時，鄙視其他種族的特質和表現。如此的種族不平等觀被政治工具化後，遂成為野心政客為其奪權和極權行徑自我辯

19 參閱Paul Noack／Theo Stammen（ed.）1976 Grundbegriffe der politikwissenschaftlichen Fachsprache, Franz Ehrenwirth Verlag GmbH, München, 頁207。
20 同前註

解、以圖取得領導正當性的有力憑藉。

　　如同種族主義的發源地，對猶太人的排斥和敵視亦源自近代歐洲，是故早已成為悠久的傳統。起初，反猶太主義表現於對該族群法律地位的壓制。雖然自18世紀以來即出現為猶太人爭取平等權利的努力，然而一再遭到反對力量的頑抗。至19世紀，反猶太主義不僅出自於反猶太教的宗教信仰因素，而且更由經濟利害衝突因素所造成。[21]對猶太人反感的根本癥結在於：一方面，猶太人被鄙視為血統最混濁的低等異族；另一方面，被斥責為商業唯利是圖者、經濟剝削者、資本宰制者和所有國家財力的掠奪者。杜林認為，千年以來，猶太人的本質始終如一，無論何種社會形態，皆無法使之改變。世人不得心存幻想，試圖改善該族天生低劣的特質。若不以政治、經濟和社會手段有效對付之，必嚴重危及歐洲和世界。[22]是故，無論從人種或經濟角度看，猶太人皆被敵視者貶為攪亂人類社會的禍源，應予驅逐或根除。

　　社會進化論係1858年英籍自然界發展研究者達爾文（Charles Darwin 1809-1882）所提出。其中心觀為：物競天擇，優者勝劣者敗，適者存續，不適者則遭自然淘汰。意思即謂：大自然遍處呈現為生存而競爭的現象，其演進過程中，存有一種對生存者的考選機制；包括人類在內的所有生物皆須接受存續能力的嚴峻考驗，唯有具備適應環境能力者（優者），始得通過考驗而繼續存活（survival of the fittest）。[23]是故就人類社會而言，唯獨高等優質的人種及其

21 參閱Hans Fenske, Politisches Denken im 20. Jahrhundert, in:Hans-Joachim Lieber（ed.）1991 Politische Theorien von der Antike bis zur Gegenwart, Günter Olzug Verlag GmbH, München, 頁805。
22 同前註，頁806。
23 同前註，頁807。

社會，始擁有繼續繁衍進化的條件。對國社主義思想的生成，社會進化論提供了唯阿利安人始得存續進化的有利論據。

（2）敵視異族心態與國家社會主義無害論

敵視異族心態與國家社會主義無害論為戰後在國社主義思想的遺毒持續發作下、由極右勢力陣營（包括極右政黨及新納粹等極右組織）所代表的基本立足點。德國學者史瓦格（H. Joachim Schwagerl）認為，部分德國人的敵視異族心態係由對外國人的恐懼心態（以下稱：恐外心態 Fremdenfurcht）之政治化所轉變而成。恐外心態雖屬內生潛在性，然而經過激進政黨及政治團體蓄意的政治操作後，即可變成對異族及外國人的敵視態度，此種心態再透過敵意、甚至暴力行為表現出來。

實際功用上，恐外心態的政治化可作為護衛德國原生的民族本質，阻擋他族異邦人影響力入侵，進而燃起集體反擊動機的手段。論及恐外心態的形成原因，基本上可從一種偏差的心理和非理性的價值判斷來探尋，也就是：從根本上不信任、並以有色眼光看待在德國落戶就業的外籍者，深恐彼等帶給德國政治、社會以及勞動市場嚴重的威脅和危害。[24] 政治方面，憂懼歸化的外來移民人數持續增長，其益加積極的政治參與勢必減弱德國本國人的政治主導性。社會方面，恐懼形形色色、良莠不齊的外國人（尤其是猶太人、有色人種、土耳其人、外來難民）不法犯罪，危害治安。此外，憂憤外國人分享了社會福利，讓德人原有的福利減少。勞動市場方面，

---

24 參閱 H. Joachim Schwagerl 1994 Rechtsextremes Denken Merkmale und Methoden, Fischer Taschenbuch Verlag GmbH, Frankfurt am Main, 頁126。

恐懼外籍勞工佔去德人就業機會，致使本國人失業。

　　極右政黨則處心積慮善用民眾的恐外心態，藉助誇大和聳動性的文宣，擴散恐外感，期使民眾在深化憂患意識下以選票支持參選的極右派。如此一來，激進政黨便較易達到勝選的政治目的。舉兩個實例：例一，國家民主黨利用1960年代中期西德發生第一次大規模經濟危機而失業率增的時機，將大眾失業的主要原因一再歸咎於勞動市場上外籍勞工的充斥，藉以增強民眾對外勞的不滿和戒心。60年代末的聯邦議會[25]及各邦議會選舉結果顯示，該黨散播德人恐外感的策略成功。[26] 例二，1987年布萊梅邦（Bremen）邦議會選舉。甫轉型為政黨的人民聯盟在競選政見中強調，德國人應意識到社會治安的日趨敗壞。暴力犯罪案件數量不斷增加。性的自由開放也造成較高的犯罪率。然而政府及警政當局對整頓治安卻依然無能為力。人民聯盟主張，刑法修法從嚴，以有效整治亂象。選舉結果證明，該黨深化民眾對高犯罪率憂心的策略收效。[27]

　　由恐外心態的政治化繼而生成對外國人的不接納、不包容，甚至施暴傾向。右激進份子及其支持者便以此種心態和行為，仇

---

25 德國聯邦議會（der Deutsche Bundestag）為由德國公民直接普選產生的國會。就德國兩院制的國會制度而言，另設有聯邦參議院（der Deutsche Bundesrat），由全德國各邦依據聯邦共和國基本法（das Grundgesetz für die Bundesrepublik Deutschland）第51條之規定，從邦政府閣員中推派定額的代表所組成。聯邦議會被稱第一院；聯邦參議院則為第二院。國內部分學者因聯邦參議院之故而稱der Deutsche Bundestag為聯邦眾議院。作者基於民選國會及忠於德文原文之意的考量，對Bundestag一詞採用聯邦議會之稱。

26 1969年9月聯邦議會大選，國家民主黨在全西德的得票率平均值為4.3%；在以工業為主的薩爾邦（Saarland），得票率甚至超過5%門檻（5.7%）。1970年薩爾邦邦議會選舉，該黨同樣獲得激進政黨比較下較高的支持度（得票率3.4%）。參閱H. J. Schwagerl, 前引書，頁38。

27 人民聯盟雖僅獲得1席，但畢竟達到進入議會的目的。4年後的選舉，人民聯盟創下取得6席的佳績。同前註，頁39。

視外籍者為非拔除於德國社會不可的寇讎。[28] 敵視異族心態者蘊藏著「敵、我二分論」及「代罪羔羊心理」兩種態度。前者嚴格區隔德國本土人與在德異族，致使兩方為截然敵對的兩股勢力；同出一源的本土德人皆為我方，祇要不是自家人，便是敵人。是故，所有在德外籍人士皆被視為敵人。敵我意識藉由人為政治操作而節節升高，成為極右勢力政治鬥爭的工具。至於後者，則意謂：極右份子將社會脫序、亂象和病態的原由完全歸咎於外來人口的影響，一味讓此等無辜者頂罪，藉以掩飾德人自身的無能，擺脫應負的罪責，並蒙蔽成因的事實真相。敵視異族心態係透過不友善及暴力行為而外顯出來。舉兩個實例：例一，1970年德國南部大城奧古斯堡市（Augsburg）發生多起餐館老闆拒絕為外國人服務的事件，促使檢調單位展開調查。例二，1980年9月巴伐利亞邦首都慕尼黑市（München）舉辦年度「啤酒節」（Oktoberfest）期間發生炸彈爆炸事件。調查結果證實，此樁暴力行為係由右激進份子利用節慶外國遊客雲集時機為升高敵外氣氛所發動。[29] 令人憂心的是，自從1970年代初極右組織「新納粹」（Neonazi）與「光頭黨」（Skinheads）崛起後，敵外心態所引發的暴力行為數量上呈現逐年增加的趨勢；從1990年代開端德國極左勢力因東德共黨政權瓦解、德國完成統一而逐漸式微以來，敵外暴力件數甚至直線攀升，直到1994年後始逐漸減少。接受審判的暴徒，其年齡低於21歲者，竟高

---

28 德國極右份子慣用「外國人滾出去；讓德國永遠屬於德國人的德國」（Ausländer raus; Deutschland den Deutschen）等辱罵性和極端民族主義色彩的字眼，充分表現出對其深度的敵意和恨意。
29 H. J. Schwagerl, 前引書，頁130。

達78%；暴徒中，光頭黨的成員佔最多。[30] 暴力件數激增的主要原因在於：統一後德東與德西發展差距過大，全國社會經濟一時難以調適，失業率居高不下引起社會大眾（尤其是年輕人）不滿和恐慌，造成敵外心態的增強。

　　最後論及國家社會主義無害論，其意涵不難理解。秉持此種基調下，極右勢力陣營頑強地為戰前國社主義思想及納粹黨獨裁政權的行徑辯護，一致認定並公開宣揚：納粹主義思想信徒、納粹黨及第三帝國首腦希特勒並未如一般所指，犯下禍國殃民，種族大屠殺，發動戰爭破壞世界和平的罪行。簡言之，國家社會主義無害於德國及國際社會。無疑的是，激進勢力試圖借助國社主義無害論來為戰前的極權統治者脫罪，同時為本身爭取德國社會對國社主義思想的改觀和同情。消極上，無害論旨在淡化希特勒及其黨徒的暴行，否認納粹政權是發動二戰的罪魁禍首，並推卸第三帝國為其侵略行為應負的戰犯罪責。積極上，無害論頌揚國社主義思想的優點（如：淨化德國種族屬性；增強德國民族自信心、民族意識及民族團結），並誇耀第三帝國國力的強大，使德國躋身強國之林而洗雪戰敗國的屈辱，令國際社會對德國人刮目相看。[31]

　　國社主義無害論主要由極右勢力中的國家民主黨所倡言。1964年該黨建黨時揭櫫的黨綱無視於史實，公然否認納粹政權發動二戰的禍首角色，並要求終止對納粹戰犯的國際審判。1991年黨重振

30 敵外暴力件數1990年：309件、1991：1492、1992：2639、1993：2232、1994：1489、1995：837、1996：781。參閱Uwe Backes Rechtsextremismus in Deutschland Ideologien, Organisationen und Strategien, 刊於：Aus Politik und Zeitgeschichte Beilage zur Wochenzeitung Das Parlament, B9-10／1998, 20. Februar 1998, die Bundeszentrale für politische Bildung, Bonn, 頁32。
31 參閱U. Backes／E. Jesse, 前引書, 頁52。

階段，黨魁德克特（Günter Deckert）公開支持那些否認過去納粹黨徒暴行的份子。[32] 此事實顯示，國家民主黨始終不改其無害論的基調。至於民眾對無害論的態度，則近年民意調查結果顯示，論調雖未為多數所肯定，但仍有10%至14%的受訪人同意無害論的說法；同意度相較下，德西高於德東。[33] 德東人在統一前被迫接受極左政權反法西斯主義思想的洗腦，是故對國社主義無害論抱持不以為然態度者較德西為多。

2. 極右主義思想的特點

從以上關於極右主義思想成份的論述，進一步可衍生出極右意識形態結構性的4個特點，即為：（1）堅信人類不平等的原則；（2）過度渲染人種屬性因素；（3）反對多元主義及多元社會；（4）崇尚極權主義及國家宰制觀。逐一闡述如下：

（1）堅信人類不平等原則

不平等的基本觀為極右意識形態別於其他林林總總政治思想的獨特之點。此處並非認為，不平等原則的主張者便是極右份子，而旨在強調，極右勢力一致以此項原則為價值判斷的出發點。不平等

---

32 參閱Armin P.-Traughber, 前引書，頁26、35。
33 此次民調係德國學者德克爾與布瑞勒（Oliver Decker／Elmar Brähler）接受德國萊比錫（Leipzig）大學的委託於2004年9至10月期間透過問卷調查方式所完成的調查。就國社主義無害論議題方面，問卷提出如後的3個指標性問題，由受訪人答以同意與否：一、若沒有發生滅絕猶太人事件，則希特勒會被評價為偉大的政治家；二、納粹政權的罪行被歷史敘述過度誇大；三、國家社會主義並非乏善可陳，亦有其優點。調查結果，針對問題一，同意者佔13.5%（德東6.1%；德西15.7%）。針對問題二，同意者9.4%（德東7.9%；德西9.8%）。針對問題三，同意者12.3%（德東9.7%；德西13.0%）。資料來源：Oliver Decker／Elmar Brähler, Rechtsextreme Einstellungen in Deutschland, 刊於：Aus Politik und Zeitgeschichte Beilage zur Wochenzeitung Das Parlament, 42／2005, 17. Oktober 2005, die Bundeszentrale für politische Bildung, Bonn, 頁13。

觀係立基於人種有高低等級之分、優劣之別的偏激種族意識。此種
意識透過強調本族因優越而獨享特權、並歧視他族的行徑具體表現
出來。不平等現象也會出現在同一族群社會；其中佔優勢的有權群
體剝奪特定的少數群體應享有的平等權利。

（2）過度渲染人種屬性因素

　　在極右勢力蓄意人為操作下，人種屬性因素被高度政治化，成
為極端民族主義思想的催化劑。人為操作的主要方法是：過度誇大
和渲染人種屬性因素對政治發展的決定性，進而將此項因素拉昇到
本族民族認同上最高的依據點。當人種屬性因素的無限上綱所造成
的偏激種族意識成為本族深化自我認同、昇華本族優越感的核心力
量時，便是一種排他和敵外的侵略性極端民族主義形成的開端。另
方面，政治中人種屬性角色的高估必然對憲政民主秩序中的基本價
值如：人權、平等權、自由權及公民權利，產生貶抑效用。是故，
極端民族主義興起之時即為民主政治解體之日。

（3）反對多元主義及多元社會

　　多元主義是民主政治建構的原則；多元社會是民主政治建構
的基礎。既然右激進思想與憲政民主理念根本上互不相容，則極右
勢力必然反對多元主義及多元社會。此種立場由兩個面向構成：消
極上，反對各類代表不同利益的社會團體及政黨並存和互動，因為
此等祇圖私利的團體相互勾結謀利，或發生利害衝突，會致使社會
陷入動亂，甚至解體。積極上，要求社會始終保有其同質性；同質
的政治與社會中，領導階層與被領導階層在心志及利益上是相同一
致的。就後者而言，極右勢力一貫強調「民族生命共同體」（die

Lebensgemeinschaft der Nation）的重要性。所有同出一源的個體皆無條件投入此血濃於水的共同體，並服從其最高領袖代表民族利益的領導。

（4）崇尚極權主義及國家宰制觀

針對國家與社會間關係的性質，極右主義思想堅決否定民主政治理論所主張的對等互動性。民主政治中，國家與社會在地位上是平等的；關係上是良性互動的。以民主國家對社會的關係而論，國家藉由政府組織的正當權力之行使，以安定社會秩序，確保分工社會的功能，並護衛社會內在及對外的安全。是故，國家與社會間存有一種手段與目的之關係。換言之，國家對社會具有工具性的重大意義。相對於此，極右主義否定國家與社會間的對等關係，而堅信國家地位高於社會，對社會享有宰制力。在兩者間的主從關係中，社會對國家的影響力自應縮減到最小。由此便可發現極右勢力痛恨議會政治的主要原因：因為議會政治源自於多元異質的社會，代表社會各方不同私利的互鬥，國家民族整體利益因而被犧牲掉；此外，議會政治以間接民主的形態，讓國家治理淪入國會議員多數的控制之下，形成亂源不絕的議會獨裁。因此，極右陣營主張，極權政治掛帥，國家權力至上、強力宰制社會及個人，根除亂源議會政治。[34]

3. 民眾對極右主義思想的態度

雖然1950年代仍有40%的西德人視納粹德國時期為繼俾斯麥帝

---

[34] 參閱A. Pfahl-Traughber, 前引書，頁14-16。

國之後德國史上的光輝期,但是大多數人民眾並不認為納粹主義基本上是好的思想。主要原因在於納粹主義思想過度激進而反人性,並帶給德國人付出無比代價的浩劫。[35]戰敗無條件投降、國家被異國分區佔領統治、國家遭到分裂厄運,以致於喪失國家主權及身為德國人的尊嚴。此一空前的國恥和浩劫,讓戰後付出代價的全體德國人刻骨銘心。

　　1974年美籍學者康瑞德(Daviel P. Conradt)研究指出,1950年代以來西德民眾便不支持極權思想及獨裁體制,而偏好分權思想及議會政治。康氏研究發現,1955至1978年間,認為希特勒是偉大的政治家之民眾,在百分比上,擺盪於31至43之間。相關方面,贊成出現一個新納粹黨者,從25%逐年下降到7%。[36]由此可見,儘管希特勒在種族主義及反猶太主義思想上表現的瘋狂,其極權獨裁行為帶給德意志民族的劫難,然而仍舊有不容忽視的部分西德人讚揚他為偉大政治家。

　　1977年,曼海姆選舉研究團隊進行民調,詢問民眾:您認為納粹主義(國家社會主義)基本上是好的思想,祇遺憾被濫用?表5-8明示結果。

　　表5-8反映實情,除了獨立及自由職業者以外,所有受訪團體中,皆以高達70%以上的多數,表示不同意納粹主義基本上是好的思想;其中,黨政路線中間偏左的社民黨之選民所佔比率居冠;大多數知識份子以同樣的態度來看待國家社會主義思想的良劣。相形

35 關於極右納粹主義思想的起源及構成要素,可參閱葉陽明 2007 戰後德國極右主義、極右政黨對憲政民主之挑戰,刊於:社會科學論叢,第一卷第一期,國立政治大學社會科學學院/五南圖書公司共同發行,2007年4月。
36 H. Rausch, 前引書,頁35-36。

之下，右派保守政黨基民／基社聯盟與自由派自民黨的支持者，對問題的正面回應程度略高。整體而觀，西德社會各階層人士中的大多數否定納粹主義思想的良性。

表 5-8　您認為納粹主義（國家社會主義）基本上是好的思想，祇遺憾被濫用？（單位：百分點 %）

態度\受訪團體	同意	不同意	無意見
社民黨選民	22	77	1
基民／基社聯盟選民	29	70	1
自民黨選民	29	70	1
國民學校學生	26	71	3
中學及大學生	23	76	1
勞工	28	70	2
職員與公務員	22	76	2
獨立及自由職業者	33	66	1

資料來源：Umfrage der Mannheimer Forschungsgruppe Wahlen, für das ZDF–Politbarometer 1977, 刊於：Martin und Sylvia Greiffenhagen 1980 Ein schwieriges Vaterland Zur politischen Kultur Deutschlands, List Verlag, München, P334.

　　西德建國後，縱使國家憲政機關極力杜絕極右激進民族主義、極端種族主義及反猶太主義思想及其政治性組織（主要為政黨）的再興，然而始終無法阻止極右思想及極右政黨或政團的再生，重要者如：50年代的「社會主義帝國黨」（簡稱：社帝黨；SRP）、60年代的「德國國家民主黨」（簡稱：國家民主黨；NPD）、70年代的「德國人民聯盟」（簡稱：人民聯盟；DVU）和「新納粹」及「光頭黨」、80年代的「共和黨」（REP）。此類激進組織，無論標榜種族主義或激進民族主義，皆可視為戰前納粹黨（NSDAP）

在戰後的接班組織，企圖實現對抗基本法憲政民主秩序，甚至推翻聯邦共和國的目標。事實上，至今上述極右政黨中沒有任何一黨能跨越5%門檻，進入聯邦議會；部分政黨如國家民主黨及人民聯盟，曾經成功地進佔邦議會席次（偏於統一後的德東各邦）。然而，總體而觀，極右勢力的影響力有限，遑論推翻基本法之國。主要原因是，主張及政策過於激進，甚難獲得普遍民眾的支持。[37]

　　極右政黨運作於憲政民主體系內，原本是不足為戒的政治常態。由於現代民主政治崇尚組黨的自由、多元的政黨體系以及政黨政治的良性競爭與合作，藉以健全和鞏固多數黨治國的議會政治，並對公民參政及直接民主提供助力。是故，開放的社會與多元的民主政治在憲法及相關法律規範下，大可接納和包容那些抱持極端政治意識形態的激進政黨。然而，值得探討的是，當激進勢力利用組黨自由權組織一個反人權、反族群平等、反人際關懷和包容、反個人自由和基本權利、進而與憲政民主為敵的政黨時，憲政民主國能否依然視若無賭，繼續容忍，甚至姑息、與之妥協？對敵視憲政民主的激進政黨讓步，不但不能安定政局，而且更會助長其顛覆憲政秩序的企圖心。換言之，對憲法敵手的寬容，便是對合憲秩序的自我否定。如此必將付出悲劇性的政治代價。就此而論，德國政治史上已有典型實例，即為威瑪共和的憲政民主。

---

37 相關詳情可參閱葉陽明，前引文。

（六）人民對西德式民主政治及政府的態度

西德式民主政治的特色體現於：基本法憲政自由民主的基本秩序；聯邦與各邦既分權又合作的合作型聯邦制；兩院制的國會（第一院：普選產生的聯邦議會，代表全國民意；第二院：由各邦政府推舉代表組成的聯邦參議院，代表各邦權益）；立法權與行政權（國會與政府）既合一又制衡的內閣制政府；由聯邦議會議員與各邦議會代表間接選舉產生、而享有特定權力的聯邦總統（絕非虛位元首）；經總統提名而由聯邦議會以過半數選出的聯邦總理，實權領導政府；以聯邦總理領導及施政風格、績效為依歸的「總理型民主政治」（Kanzlerdemokratie）；享有高度自主管轄權的各邦政治生態；貫徹公民立法、公民複決及公民投票的各邦直接民主制度；全面落實在地公民親身參政的地方自治。

人民對西德式民主政治及政府的態度如何？阿冷斯巴赫民調所（Allensbacher Institut für Demoskopie）為了追蹤調查民眾對西德式民主政的滿意度，提出下列問題：您相信吾人在聯邦共和國享有的民主政治是最佳的政治，或認為還有另一種比現行政治更好的政治？表5-9讓人一目了然。

從表5-9數據可確定，絕大多數西德人民確信，在本國所享有的民主政治是最好的政治。換言之，滿意於現行民主政治者，佔絕大部分；祇有少數人不滿現狀，期待更好的政治。

表 5-9　您相信吾人在聯邦共和國享有的民主政治是最佳的政治，或認為還有另一種比現行政治更好的政治？（單位：百分點 %）

看法 民調年	最佳的政治	還有更好的政治	無法決定
1967	74	4	22
1972	90	7	3
1974	72	14	14
1975	74	9	17
1976	90	6	4
1977	60	14	20
1978	71	11	18
1980	96	------	------

資料來源：Allensbacher Jahrbuch Allensbacher Institut für Demoskopie, Demokratie-Verankerung in der Bundesrepublik, P59.

　　在人民對政府的感受及態度方面。1972年代，阿冷斯巴赫民調所進行相關問題的調查，詢問民眾對西德憲政機關及其他國家重要組織政治影響力的看法。表5-10反映一般國民的看法。

表 5-10　依您之見，下列哪個機關或組織最具影響力？（單位：百分點 %）

憲政機關或組織	1974	1976
聯邦政府	70	68
聯邦議會	49	48
聯邦參議院	49	48
各邦政府	21	20
聯邦總統	19	18
聯邦銀行	17	16
聯邦憲法法院	15	16
聯邦防衛軍	8	9

資料來源：H. Rausch, 前引書，頁68。引自 E. Noelle-Neumann (ed). 1977 Allensbacher Jahrbuch der Demoskopie, Band 7, Wien München Zürich, P89.

由表5-10中西德憲政機關或組織的排序，可清楚看出受訪者對影響力最強勢的機關之認定。顯然，總理型民主政治原則下聯邦總理領導的聯邦政府被視為最具國政影響力的機關。國會兩院的影響力居其次；兩院旗鼓相當。排名第3者，便是各邦政府。其影響遠不及國會。由於西德政府採行內閣制，國家元首權力僅表現在特定憲政局面發生時，所以在人民心目中，聯邦總統不具較強的政治影響力。其餘3個組織各司專業職權，與政府決策並無直接決定的關聯性，是故其影響力被低估。從此項調查結果可知，總理民主政治貫徹下，泰半民眾感受到聯邦政府最有權力。由此以推，聯邦政府領導人的決策及施政能力和績效，必然成為一般民眾至為關注者。

另項與聯邦總理角色相關的民調結果顯示，以60和70年代而論，在民眾對聯邦總理政策的同意度上，從高往低的排名是：季辛格、布朗德、施密特、歐哈德。[38] 探其原因，季辛格雖然在任僅3年，但是能將兩個在意識形態及政策路線上差距甚大的大黨（基民／基社聯盟與社民黨）結合成一體化的執政團隊，勝任領導、決策及其執行，實屬難能可貴，故頗得人民的向心。

小結

西德人民對政治的基本圖像、認知及價值評斷，從上述6個相關重要面向進行探究（包括：對國家發展前景的評斷；政治象徵體

---

38 參閱H. Rausch, 前引書，頁69。

的欠缺；對基本法的認知及態度；民族與國家認同；對極右納粹主
義思想的態度；對西德式民主政治及政府的態度），結果發現，
波昂共和時期絕大多數人民眾確實表現出關心與積極參與的政治態
度，進而促使德意志民族的政治文化邁入現代化的新里程。

第陸章

德國再統一後聯邦共和國的政治文化

　　如本文開端所言，東、西德統一後聯邦共和國的政治文化包括兩大前後連貫相接的發展過程，即為，第一個過程：從波昂共和邁入柏林共和其間的過渡期政治文化（1990-1999年）；第二個過程：柏林共和的政治文化（2000年迄今）。有鑒於此，本章以這兩大發展過程為導引，論述如下：

一、德國政治文化發展在持續中呈現變遷

　　開宗明義，應該確立的大前提便是：從德國分裂後西德國家憲政民主的治理，歷經兩德完成統一的進程，德國再統一後為時10年必要的過渡期，以致邁入柏林共和的國家發展新局面，聯邦共和國在西德治理期所育成的參與型政治文化之特質與發展，基本上，確實是持續不輟、並無中斷的。

　　參與型政治文化持續發展的主要原因在於：雖然德國因重歸統一、聯邦共和國版圖在符合基本法第23條規定下，擴展到過去德意志民主共和國的轄域，故而變得更廣闊，人口總數自然增多[1]，然而由於國家再統一過程中德國朝、野並未為了迎接統一而全新制定

---

1 統一後的德意志聯邦共和國領土面積35萬7千093平方公里，人口總數達8千2百46萬9千人。

一部「聯邦共和國憲法」。換言之，基本法即使在德國統一後，仍然繼續適用，施行於全德國，但是為求因應統一新局，該法的修改實屬必要，遂藉由「德意志聯邦共和國與德意志民主共和國間締造德國統一之條約」（簡稱：兩德統一條約）第4條的規定，完成對西德基本法部分條文的修改。該法部分條文修改的結果，絲毫沒有變更「德意志聯邦共和國」國號、基本法原定的自由民主之基本秩序、國家組織形態以及憲政機關職權的行使。所以，可確定的是，聯邦共和國自由民主的立國根本、國家組織結構、憲政機關公權力的行使以及現代德國式資本主義工商社會與社會市場經濟的運作模式[2]，在本質與結構上並沒有產生變動。簡言之，基本法之國的憲政民主的根基始終堅實鞏固，屹立不搖。是故，諸如此類源自憲政民主、公民社會與勞動社會、自由經濟和普及化教育的珍貴資源，足以供給過去41年育成而成熟的參與型政治文化，一個質優的持續發展空間。

　　至於21世紀開端啟動的柏林共和，依宋海莫的見解，並沒有造就出一個全新或不同的共和國。如同參與型政治文化發展的一貫性一樣，這個「從柏林來治理」的聯邦共和國，本質上扮演著國家發展一脈相承、國政承先啟後的關鍵角色[3]。柏林共和繼承其前身波昂共和的治理，同時為聯邦共和國開啟邁入21世紀的新里程。

---

2 德國國會兩院在2006年夏空前大幅修改基本法。依據2006年10月官方公布的版本，基本法涉及自由民主基本秩序、國家組織形態及憲政機關職權行使的條文規定，被訂定於該法第壹章：基本權利（1-19條）、第貳章：聯邦與各邦（20-37條）、第參章：聯邦議會（38-48條）、第肆章：聯邦參議院（50-53條）、第伍章：聯邦總統（54-61條）、第陸章：聯邦政府（62-19條）、第柒章：聯邦立法（70-82條）、第捌章：聯邦法律之施行與聯邦行政（83-91條）、第捌章附章：共同任務（91a,91b）、第玖章：司法（92-104條）、第拾章：財政制度（104a-115條）。

3 參閱Kurt Sontheimer 2001 Berlin schafft keine neue Republik – und sie bewegt sich doch, in: Aus Politik und Zeitgeschichte, B1-2／2001 Beilage zur Wochenzeitung Das Parlament, 12. Januar 2001, Die Bundeszentrale für politische Bildung（ed.），Berlin，頁4。

　　然而，在一脈相承的現代公民文化持續中，卻又呈現出因為德東、德西在社會與經濟結構及發展上的落差而導致的政治文化的分歧與變遷現象。換言之，參與型政治文化發展在持續中的非常態與變遷，尤其在過渡期內，主要歸因於東、西區物質建設和民生水平的不齊一。此種一時難以克服的現象，造成德東人民不同於其德西同胞對國家、政治及相關事務的認知、感受和評斷。從兩區民眾對國家統一後政局相異的基本圖像中，生成大異其趣的政治定向。因東、西民眾政治定向上的差異而致使德國內部政治文化呈現出分歧和隔閡。此種局面應可合理地視為結構性變遷，其結果必然會對統一後德國的政治文化產生負面的影響。影響最深者，莫非德東人民對國家的認同感及對政府的信任感。相關民調結果顯示，德東民眾在這兩方面的表現不及德西。無疑，事實所呈現的是，德東落後的社會、經濟、民生基礎建設及發展一時無法有效的振興；社會主義社會轉型為資本主義社會過程中大眾失業率居高不下；德東勞動環境、工資給付及社會安全保障條件不及德西；德東產業結構的調整和企業民營化的轉變緩不濟急。這些致使德東居民不滿現狀的現實困境，迫需聯邦與各邦政府假以時日，以求循序漸進地紓解之。

　　然而，設身處地立足於受困者一方，情何以堪。不言自喻者，德東「新5邦」[4]人民在佇足亟待民生條件改善的同時，面對現狀，

4　東、西德統一過程中（1989年11月-1990年10月），1990年7月東德國會（號稱：人民議院）通過「德意志民主共和國邦組織憲律」（簡稱：採行邦制法），為1945年至1952年間原有邦組織的重建造就必要的法源。邦組織的合法重建是東德以「新5邦」態勢加入聯邦共和國、進而促成兩德統一的先決條件。依據採行邦制法，東德國土建立5個邦，分別為：梅克倫堡－前波爾門邦（Mecklenburg-Vorpommern）、布朗登堡邦（Brandenburg）、薩克森邦（Sachsen）、薩克森－安哈特邦（Sachsen-Anhalt）、圖林根邦（Thüringen）。史實上，二戰前德東地區已設5個邦，邦域與前述各邦不盡相符。從聯邦共和國（西德）聯邦政府觀點視東德重建的5個邦為「新5邦」。相關詳情可參閱葉陽明 1999 德國問題與兩德統一，台北國立編譯館，頁456-461。

確實難以內生對當政者起碼的滿意度和信任感。相對於對政局正面的態度，1640多萬的德東同胞在滿懷失落感之餘，激發出對柯爾（Helmut Kohl）基民聯盟政府承諾不兌現的民怨，進而導致國家領導階層流失其在人民心目中的公信力及向心力。過渡時期內，東、西區之間在社會基礎建設、經濟景氣、勞動市場表現、同等民生條件等重要環節上展現出的大幅差距難以及時縮短，促使新5邦人民萌生身為德國「次等國民」的感受。其效應彰顯在，德東人民心態上的不平衡狀態造成大部分民眾產生政治疏離感；另也不乏群眾政治態度轉為偏激，偏向支持右激進主義政黨（最具代表性者為：國家民主黨）或右激進政治勢力（最具代表性者為：新納粹組織），或力挺社會主義政黨（最具代表性者為：民主社會主義黨Partei des Demokratischen Sozialismus；簡稱：民社黨PDS）及左派政黨（die Linken）。民社黨為統一前東德極權政黨「德國社會主義統一黨」在統一後的化身。

　　德國在統一後內部情勢演變如此，德西人民在或多或少感受到統一帶來民生衝擊的同時，基本態度上，依然維持西德時期參與型政治文化氛圍下對國家發展正面的政治定向。相形之下，並無原罪的德東人民卻受制於一時難以擺脫的過去社會主義遺留下來之沉重包袱，表現出低度參與政治或傾向支持激進政黨的兩極化政治態度。進一步言，若非政治疏離感及次等國民觀作祟，便是以偏激的政治心態主導個人思維及行為動向。東、西區人民政治定向的對比彰顯出德國內部落差頗大的政治文化。

　　除了上述東、西區政治文化分隔現象所呈現的結構性變遷以外，政治文化在持續發展中的另一種變遷，見於繼波昂共和之後接踵而來的正面性和建設性的轉變。此種轉變肇因於新紀元柏

林共和治理下「國族」（Staatsnation）思想的育成、「常態性」
（Normalität）新理念的啟動以及德國全民方興未艾的新愛國主義
（Neuer Patriotismus）情操。縱使在20世紀終聯邦共和國還都柏林
後，東、西區社會與經濟發展上不均衡的窘境猶未出現重大的突
破，而新5邦的基礎建設、產業結構、投資興廠、勞動社會仍待積
極改善及強化，然而從正統首都柏林來治理的德國整體情勢無形中
已逐漸產生良性的變化。由良性變化中，生成多項有利於化解過去
過渡時期東、西政治文化分隔的精神與物質條件。當然，不可否
認，以國家現階段發展而觀，論及德國內部政治文化的融合，確實
言之過早。無論如何，可確言的是，柏林共和政治文化建設性的變
遷力量，在消極上削弱了過去東、西明顯分隔的程度，並縮短東、
西民眾政定向上的落差；在積極上則成為一股孕育21世紀聯邦共和
國融合性的參與型政治文化之原動力。

二、從波昂共和邁入柏林共和的過渡期政治文化

（一）統一過程啟動前夕與過程進展中的政治文化

　　1999年波昂共和落幕的前9年，東、西德依循東德新5邦加入聯
邦共和國的基本法合憲途徑，完成德國再統一。國際社會有利於統
一條件的形成與東德何內克（Erich Honecker）社會主義極權政權的
瓦解，是致使兩德統一終能水到渠成的兩大主因。[5] 雖然實現統一

---

5 相關詳情可參閱葉陽明，前引書，頁303-304。

大業的歷程為期未及1年（1989年11月至1990年10月），但是在這
個史無前例的歷程進展期間，東德公民方面表現出對促進統一具有
重大意義的參與型政治文化。

1. 統一過程前夕東德政治文化的變遷
（1）對自由選舉的訴求及抗議行動

　　實況顯示，早在統一過程啟動的前半年，不堪再忍受社會主義
極權統治下祇能扮演「順民」角色的東德人民，便公然發起抗議40
年以來違反自由、民主和公平原則的社會主義選舉文化之行動。

　　事件的前因後果如列：1989年5月7日，全東德舉辦地方選舉。
綜觀40年以來中央與地方歷次選舉的實況，無疑未曾有過自由選
舉。不足為奇的是，此次選舉辦法仍然依循非自由選舉的既定模
式；循此，地方選民沒有自由選擇候選人及參選政黨的權利。選
舉人祇能就「民族陣線」（Nationale Front）[6] 決定的統一性樣板名
單，表示同意與否。至於各黨派席次分配的多寡比例，則於選舉
前，在確保社一黨占有絕對多數席次的大原則下，業已內定，而非
取決於自由選舉的結果。此次地方選舉，東德選民行為表現一反既
往，不願再逆來順受地繼續作順民。反順民角色的人數日益激增，
形成一股力圖扭轉「偽民主」選舉文化的強勢風潮。風起雲湧的情

---

6 民族陣線係簡稱，其全名為「民主德國民族陣線」。其組織溯源於東德建國期間「人民代
表大會運動」之時。1945年夏，蘇聯佔領區的德共、社民黨、基民聯盟、自民黨（LDPD）
便為了戰後德國的重建而結合組成所謂「反法西斯－民主政黨聯盟」。中產階級政黨如基
民、自民黨雖然保有相對的獨立自主性，然而民主政黨聯盟決策一致的原則以及蘇聯當局
的高壓政策卻致使社一黨在該聯盟中高居領導權位。日後，民主農民黨、自由德國工會聯
盟、國家民主黨、自由民主青年團、民主婦女聯盟及文化聯盟等組織相繼加入民主政黨聯
盟。1949年10月7日東德建國當日，民主政黨聯盟基於社一黨的決議，以「民主德國民族陣
線」的正式名稱展開全面性活動。民族陣線以推展所謂「拯救全德國民族之運動」為其根
本任務。

勢中，首度出現選民公開抨擊選舉辦法的義舉，同時要求選務當局賦予公民提名獨立候選人的權利。爭取權利的聲浪此起彼落，愈來愈強，終於演變為全民抵制地方選舉的抗議行動。抗議的主要力量來自於自主性和平運動團體、公民權倡導人士、天主教與新教教會、各個宗教團體以及公開抨擊選舉不公平的群體等。

　　探究此次東德公民空前勇於公開對抗跋扈的公權力機關之主要原因，則可發現，東德的主導國蘇聯及其東歐社會主義盟國友邦，首要國比如：波蘭、匈牙利兩國，業已跟進蘇聯的步伐，展開順應時潮的內政開放與改革措施。此種在社會主義世界史無前例的創舉，大力鼓動東德公民求新求變的意志和決心。改革訴求化為實際行動，而從對自由選舉的要求起步。事實上，即使是蘇聯公民，也享有人民代表大會選舉時在多名候選人中自由作出選擇的權利。諷刺的是，東德政權自立國以來，一向標榜：向蘇聯學習，即等於學習如何致勝。儘管如此，長達40年的歲月，東德卻始終頑固不化，堅持不向其領航國學習如何選舉。[7]

　　從現代公民文化角度觀之，此種自發性的公民抗議行動，不僅意謂著選民針對東德官方操控選舉的反擊，而且也象徵著反東德極權體制下公民政治自主意識的覺醒。東德公民對徒有民主假象的選舉，毅然掀起抗議行動，其目的無非在於爭取真正民主及自由選舉。由此可推斷，公民抗議行動體現出，東德公民對社會主義極權政治在基本圖像、認知、感受及價值評斷上的重大改變。此種變遷，對於造就東德參與型政治文化而言，別具開創新局的重要意義。

---

7 葉陽明，前引書，頁513-516。

（2）參與型政治文化推波助瀾的公民運動

　　德籍政治學者葛雷斯聶（Gert-Joachim Glaeßner）形容東德極權政權窮途末路之際由東德人民掀起的「公民運動」（Bürgerbewegungen）是社會主義政治及其文化變遷的酵素。[8]公民運動與東德國運末期劇變中的政治文化及初興的公民社會現象之間有著極密切的關聯。東德民主革命之初，公民運動不僅形成人民反體制抗議勢力的核心，而且更扮演民主政治新生的助產士之角色。

　　社一黨極權獨裁造成的惡果是，東德政治反人權及西方民主基本價值、社會封閉截然一元化、中央統籌經濟非自由市場化。東德領導高層傲稱的「實存社會主義」（realer Sozialismus）體制下，社會個體缺乏實現自我價值與理想的發展空間；公民基本權益不受保障；社會團體多元利益無法表達；獨黨極權治國態勢未曾鬆動等現象，直接助長社會潛在的深度民怨，一旦宣洩的時機來臨，強力的反彈及抗議便全面併發，勢不可擋。1989年春夏之交，當始終不自由的地方選舉舉辦在即之時，東德「新社會運動」[9]的各種成員團體，舉其重要者如：和平運動、人權、環保、公民權倡導等社團，便互聯整合成為在抗議及示威行動上步調一致，而具有廣闊群眾基

---

8 參閱Gert-Joachim Glaeßner 1992 Der schwierige Weg zur Demokratie:vom Ende der DDR zur deutschen Einheit,Westdeutscher Verlag, Opladen, 頁45。

9 1970年代結尾，東德「新社會運動」崛起於大都會中心及地區小城市。該場域活動的和平運動、人權捍衛、公民權倡議及生態保育與環境保護等團體，聚合成新社會運動的主力。東德新社會運動在類型上趨近西方工業民主國家如西德的新社會運動。儘管兩方政治及社會體制南轅北轍，主、客觀條件也互有所異，然而就形態、內容和社會階層組合等方面觀之，東、西德新社會運動在結構上卻仍有近似處。該運動的興起可詮釋為一種「社會典範之更替」；係由社會主義國家內部也存在的工業社會生活模式之矛盾所引發。運動中具有動員群體功能的基本議題圍繞於人類社會與大自然界共處相待的倫理問題，譬如：綠化行動、高度發展的工業社會對人類生活環境及對第3世界的影響、軍備巨額支出造成國家資源耗損等問題。比較東、西德新社會運動的形成，差異之處在於：前者生成於政治、經濟及社會現代化之前；反之，後者則崛起於國內整體建設已邁入現代化的大環境中。

礎的組織化反對運動，即為：公民運動。是故，新社會運動不僅為有凝聚力的公民運動之先驅，而且其成員團體也成為公民運動中所有反社會主義團體的脊柱。

由政治文化現代化角度觀察，1989年秋東德人民民主革命前未久踏上政治舞台的公民運動，本質上是一種東德政治發展史上空前大規模的凝聚公民眾志之運動。此種運動的根本訴求如：尊重及確保人權、政治民主化、社會開放多元化、建設法治國家等，彰顯出飽受黨國高壓統治的東德全民對人權、自由、基本權利及政治民主化的渴望。公民運動對東德黨國最高領導人何內克所發出的怒吼，在全民對政治參與的基本圖像、認知、感受及價值評斷上，無形中發揮啟蒙的效用。換言之，該運動的訴求造就民眾爭取政治及其他公共事務參與權的政治定向。

上述地方選舉前後各種社會團體的示威抗議成為公民運動的前鋒。1989年8、9月間，反體制勢力進而具體組成「新論壇」（Neues Forum）、「和平暨人權倡導團」、「現行民主團」（Demokratie Jetzt）、「民主覺醒團」（Demokratischer Aufbruch）以及「社會民主黨」，[10] 致使公民運動在質與量上達到空前的新高點。始料未及的是，同年11月，東、西德邊界開放及「柏林圍牆」被剷除後，變局發展迫使公民運動面臨未來政治動向上的新挑戰，應該何去何從？嚴峻考驗運動所有成員團體。對此，該運動的志士並無充分的準備和策略以謀因應。公民運動象徵著，東德社會主義

---

10 日後，「新論壇」、「和平暨人權倡導團」、「現行民主團」、「民主覺醒團」結合「左派聯盟」，在1990年初合組「選舉結盟90」，藉以合力投入3月中旬東德「人民議院」選舉的選戰。依據1990年「費舍世界年鑑」「der Fischer Weltalmanach」公布的人數統計，社民黨3萬黨員；民主覺醒3千1百人，其餘團體不詳。

瀕臨崩潰之際公民參政自主意識的自我覺醒，以及公民文化的現代化；該運動對於實存社會主義體制下參與型政治文化的孕育，發揮推波助瀾的效用。此一動員原來的宗旨在力圖為頑抗改革的東德政治，尋求一條適合本國國情的民主發展之路，並沒有無條件推翻社會主義政權的強烈意圖。從政治文化現代化的角度看，可令人惋惜的是，如火如荼展開的公民運動，因絕大多數東德人民更渴望步上德國統一之路，而壯志未酬，趨向式微。當時，絕大多數民眾確信，統一是讓德東能儘速達到德西人民生活水平的唯一可行之道。

雖然公民運動在後續兩德統一進程中，隨著情勢愈加有利於統一的演變，而失去其龐大磅礡的氣勢和強勢的政治影響力，然後猶不宜被論定為東德民主和平革命的失利者。因為，該運動在歷經數月制度化的重整後，又以新態勢成為東德政治文化從極權主義轉型到民主社會的一股原動力。不僅從公民運動的形成過程，而且由其開創民主之路的種種行動表現中，皆彰顯出一個成形中的公民社會業已具備之基本條件。

2. 統一進程中的東德政治文化：以國會首次自由大選中的選舉文化為實例

德國統一進程中，東德孕育中的參與型政治文化，可以公民對於1990年3月18日一院制國會「人民議院」（der Volkskammer）首次自由選舉的態度及投票行為表現，作為具代表性的觀察個案。社一黨極權統治幾近41年後，東德地區舉辦國會首次自由、普通、平等、直接和無記名的選舉。此次大選對該區民主政治的生根及成長，無疑饒富關鍵性的意義。苦過漫長無自由的歲月，至90年代初，東德人終於獲得過去可欲而不可求的自由選舉權，本著此項權

利，依其自由意志，票選國家中央民意代表。對於包括西德在內的全球自由民主國家公民而言，此種在參政權中位居首位的權利，是天經地義，理所當然的。然而，依據1220萬東德合格選民內生的基本圖像，自由選舉權卻成為長久以來夢寐以求、而必須憑藉實力爭取，始得享有的權利。另方面，對東德政局而論，41年社會主義黨國極權統治因此次「異常」大選而真正落幕，實存社會主義的獨裁政權從此走入歷史，代之而興者，則為一個以民選國會與正當性政府為國家治理核心的議會民主之東德。至於對德國統一的實現來說，東德自由選舉的順成，足以為統一大業的完成，鋪妥康莊大道。

在政治文化現代化發展上，格外具有無比的重要性者，即為：人民議院自由選舉中選民積極支持選舉的態度與踴躍投票的行為，以及所有參選政黨的良性競爭表現，成為孕育統一前東德地區參與型政治文化不可或缺的滋養根源。其饒富生機的滋育力量，育成東德接近西德的參與型政治文化，從而造就德東地區新5邦政治的民主化，並進一步成就了德國再統一的內在先決條件。

人民議院之所以能空前採行自由選舉，便是因為頑固不化的何內克獨裁政權（1971-1989年）被全民掀起而勢不可擋的和平性「秋季革命」（Herbst-Revolution）[11] 雷霆萬鈞之勢所推翻。社會主義極權體制的瓦解使得始終無法開放自由選舉的唯一阻力消失。

---

11 1989年秋，東德人民民心沸騰，以公開聚眾、發動大型抗議及示威的非暴力行動（以萊比錫Leipzig市抗議示威的規模最為盛大），對何內克政權發出史無前例的怒吼，向國家最高領導人強烈要求真正的民主改革。反何力量之巨，終於迫使社一黨中央於10月18日作出決議，免除何氏中央委員會總書記、政治局委員、國家會議主席及國防會議主席的最高職位。換言之，何內克黨、國最高領導權位悉遭罷黜。為期18年的何內克獨裁政權就此瓦解。由於此次非暴力性的義舉發生在秋季，所以德國政治學者稱之為和平性「秋季革命」。

如前所述，迎接大選，選民正面的態度及政黨良性的競選是統一進程中方興未艾的參與型政治文化之要素。

　　在政黨表現方面，選前民主政黨體系的建立為自由選舉的先決條件。1989／1990年之交形成的東德新政黨體系，基本結構上，由4種不同類型的政黨所構成如列：（1）由過去極權政黨社一黨改革而成的「民主社會主義黨」（Partei des Demokratischen Sozialismus；簡稱：民社黨PDS）；（2）原有的4個政黨（包括：基督教民主聯盟、德國民主農民黨、德國自由民主黨、德國國家民主黨）聯合組成的「民主結盟」；（3）由公民運動成員團體（包括：新論壇、現行民主、和平暨人權倡導3個團體）合組的「結盟90」、民主覺醒、綠黨、德國論壇黨；（4）1989／1990年之交新興的3個政黨（包括：德國社會民主黨、德國社會聯盟、自由民主黨）。[12] 精簡而論，選前新的民主政黨體系展現出一種特殊結構。此一結構由翻新攬權型、改革進取型、公運結盟型和新興自主型政黨間的交互競爭與合作所構成。選前，在參選政黨合縱連橫下，基民聯盟、民主覺醒、德社聯盟合組「德國同盟」；德國自民黨、自民黨和自由派整合為「自由民主聯盟」；綠黨與獨立婦女聯盟聯合提名候選人。另方面，社民黨、結盟90及民社黨則自力迎戰。[13]

　　大選中，總計有24個合格政黨、政團及競選名單聯合體，參與角逐人民議院4百個以比例代表法分配的席次。選戰期間，整體觀之，儘管參選政黨所屬類型不盡相同，所提政見主張也互現異同，

12 作者G.-J. Glaeßner 前引書，頁103-126後的歸類。
13 參閱Wolf-Rüdiger Baumann／Wieland Eschenhagen／Matthias Judt／Reinhard Parsler 1999 Die Fischer Chronik Deutschland 1949-1999 Ereignisse personen Daten, Fischer Taschenbuch Verlag, Frankfurt am Main, 頁926。

但是各黨基本上皆秉持平和與理性原則，相互尊重，以黨對國家前途的訴求，積極爭取選民的支持。至於政黨間為求開發票源所進行的聯合、結盟與競爭，則同樣表現出比之於西德選舉並不遜色的政治現代化之選舉文化。

另在選民表現方面，首先論及選民對選戰的態度。即使大選前西德相同路線政黨強力為東德友黨造勢，但是此次選戰方式相較於西德模式，除了與西德相同處或近似處以外，仍出現東德的特色。最顯著的特色便是，選戰末階段呈現出無數大規模的群眾集會及聚眾演說造勢活動。儘管天候惡劣，仍然有數以萬計的民眾興緻不減地赴會，聆聽各黨候選人及站台助陣拉票政要的政見發表。就此類活動而論，東德民眾以高到場率，出席選戰性的集會。此種行為表現，彰顯出東德公民參與上不尋常的積極態度。相較於參與興趣不甚高的西德選民，東區的表現確實令人刮目相看。舉其實例：選戰期間，西德聯邦總理柯爾為東德友黨基民聯盟助講拉票，前後共計6個場次。每場平均皆獲得東德選民總數10%的民眾捧場，空前的盛況令西德人也大感訝異。在東德，選戰不僅為參選政黨競爭、而民眾觀測評估的最佳場域，而且也是選民藉以認清候選人個人政見及政黨政策的良機。是故，大多數民眾樂於出席選戰性集會。無疑，如此行為表現符合參與式選舉文化的基本要求。

再就3月18日大選當天選民的投票表現來看，大多數合格選民及早便赴投票所行使其神聖的權利。從前社會主義極權統治時期，東德選民有必要儘早完成投票手續，以避免被選務當局安排的「投票催促人」找上門。所以，民眾長久以來已經養成「早投票早好」的習慣。針對此次大選的投票情況及開票過程和結果，西德兩大電視臺：「德國公法無線電廣播事業共同體」（ARD）與「德國第

二電視台」（ZDF），直接從東柏林的「共和國之宮」全程詳加報導，空間之大猶如德國已經重歸統一。東德首次自由選舉攸關兩德未來統一順成與否的發展，可想而知，德國內部及國際社會對於選舉結果，自然給予廣泛且高度的關注。

　　選舉結果揭曉，全東德投票率高達93.38%。[14] 此一超高的投票率超過西德過去11次聯邦議會選舉中任何一次的投票率。[15] 投票率超高的事實顯現出，絕大多數公民對此次得來不易的自由選舉在國家前途上之重要性和決定性，已有充分的體認。彼等極為珍視這個真正能表達個人自主意志的良機，緊緊把握之，主動和踴躍投票。除此之外，造成超高投票率的原因還可歸於兩點：其一，大選當日天公作美；其二，如前所言，選民數10年以來，在近強制式投票下，已經養成必須投票及「早投票早好」的習性。理所當然，此次選舉投票行為一反過去，公民並非在催促下投票，如此行為無異於義務性投票，而是自發自動行使法定的選舉權。[16]

　　更值得正視的是，統一進程中，表現傲人的投票率，從功效上看，為孕育中的德東地區參與型政治文化，增添一項確證性的新指標。超高的投票率顯示出公民參與國會選舉數量上的成果。此外，論及比參與數量更重要的參與品質，的確難以用具體明確的標準來評估。對此議題，擬從兩個向度觀察：其一，選民投出有效票的多寡；其二，大選中獲得有效票總數百分比最高的政黨所能帶給

14 W.-R. Baumann／W. Eschenhagen／M. Judt／R. Parsler, 前引書，頁928。
15 前已述及，西德過去11次聯邦議會大選以1972年第7屆眾議院選舉時91.1%的投票率為高。
16 此處所稱的法律係指1990年2月20日人民議會為因應首次自由選舉而通過的新版「人民議院選舉法」。該法不設參選政黨最低得票率的規定（所謂「門檻條款」），而採用單純比例代表法，將國會400個席次按照「尼邁爾分配法」（Hare／Niemeyer），配給在15個大選舉區（以原來東德15個行政區為劃分基準）提名候選人的政黨。

東德全民的福祉巨微。首先，按照官方最終有效的統計，投票總數為11604418票；其中，有效票總計11541155票。[17] 從如此結果算出無效票總計63263票；有效票數佔投票總數的99%。有效票數高達9成9之多，由此可確定公民參與大選的品質極高。其次，大選中獲得有效票總數百分比最高的政黨為「德國同盟」，得票率48.1%，幾近過半數。該同盟3黨中，基民聯盟一黨便取得40.8%的高得票率。[18] 在所有參與政黨中，德國同盟對於東、西德應加速完成統一的主張最為強烈和堅定。大選中支持同盟的選民，對統一的贊成態度，比之於支持其他各黨的選民，也表現得最突出；以百分比計之，此部分選民贊成統一者，高達96.6%，認為統一須加速者，也達到57.5%，所佔比率居其他政黨的選民之冠。[19] 如前所言，絕大多數東德人民渴望兩個德國儘速完成統一，以期享有如西德人所享的自由民主，並擁有與西德同胞同等的民生經濟水平和條件。由此可肯定，以基民聯盟為主導的德國同盟基於勝選而組織東德第1個民主政府。新政府的施政績效勢必帶給全民所深盼的鴻福。

17 參閱葉陽明 1999 前引書，註釋758。
18 參閱Günter Fischbach（ed.）1990 DDR-Almanach 1990, 附錄部分，頁393-394。
19 參閱Forschungsgruppe Wahlen: Umfrage DDR März 1990, in: Matthias Jung Parteiensystem und Wahlen in der DDR-Eine Analyse der Volkskammerwahl vom 18.März 1990 und der Kommunalwahlen vom 6. Mai 1990, in: Aus Politik und Zeitgeschichte B27／90, Beilage das Parlament, 29. Juni 1990, 頁12。

（二）東、西分歧政治文化中德東人民的政治定向

1. 德東人民政治定向

（1）德東民眾的特殊心境

德國統一幾乎完全解構了德東民眾過去既熟悉又習慣的社會主義生活；新5邦政治新秩序隨著加入聯邦共和國而快速建立起來。即使東區人民在統一過程啟動前夕創造出爭取自由民主、解脫極權統治的偉大成就，然而彼等依舊不改過去社會主義社會中小市民傳統的習性和心態，固有的價值觀和行為模式仍然存續，比如：事事斤斤計較、精打細算；厭倦政治；虛應形式規定；缺乏生活安全感，渴望安居樂業。從前為了因應極權黨國所強求的社會主義國家認同，東德人採取區隔、逃避和退縮方式，在形式上表現出對國家認同的同時，儘量將個人私生活圈與公共事務領域區隔開來，並逃避或退縮到相當有限的生活空間，處理私下事務，而消極面對政治及社會公共事務。統一後，此種心態和行徑一時甚難改變，仍然扮演著形塑政治定向的重要角色。

另在社會與經濟生活方面，實存社會主義社會中的全民社會與經濟地位之平等，為過去東德官方所宣揚的社會文化之核心價值。統一後自然仍舊被德東人民高度關注。對平等價值重視的程度，東區高於西區。德西富裕的資本主義社會裡，勞動生活的地位與價值相較於休閒渡假生活，明顯退居次要；相對於此，德東民眾卻普遍高估勞動價值，置勞動市場條件與地位上的平等於首位。至於德西社會以多元化、實用主義考量及休閒生活為價值導向的生活態度，在東區泰半民眾看來，則是倍感陌生，而抱持疑慮的。

再就新政治體制與秩序而論，德東人歷經了統一過程中的本土

自由選舉及邦制的重建（新5邦的建制），從而體驗到西方民主價值的可貴，是故並不認為，德西民主政治模式移行於東區之舉，會帶來難題。公民普遍具有肯定和支持基本法憲政民主規範的共識。畢竟，基本法憲政秩序在過去西德10個邦施行的成果，對德東民眾而言，是有目共睹的。此項事實證明基本法秩序符合現代德國鞏固民主政治的需求。因此，東區人態度上普遍接受該法對本土的合用性。其實，新5邦總計幾近1700萬人除了接受基本法以外，確實也別無選擇的餘地。

　　儘管如是，卻不乏跡象顯示，部分德東人與聯邦共和國政治體制保持距離的行徑，呈現增長的趨勢。大多數德西邦民確信，本身行之近半個世紀的政治體制饒富優越性，因而就政體的認同感有增無減。相對於此，不少新5邦人士卻視德西人所謂的政體優越性為西區一貫保有的優越感，甚至偏激地認定，此種優越意識是西區對東區進行全面性主宰的起源。諷刺的是，即使過去東德極權體制已經走入不復重演的歷史，由此證明社會主義發展是條絕路，但是東區特定社會階層，尤其是知識份子及勞工群眾，不乏人士依舊相信社會主義理想的實現具有可行性，且充滿國家發展上的重大意義。如此觀點牢而不破的結果，主要反映在對政黨的偏好、選擇和支持態度上。在對政黨的政治定向方面，值得關注的趨勢是，依為數不少德東民眾的政治基本圖像，所有政黨中，唯堅持行走民主社會主義路線的左派民社黨，才體現出一個真正全民民主政黨的本質。該黨愈來愈成為失意和不滿現狀的德東人士所倚仗的政治支柱。因此，民社黨黨在聯邦議會與各邦議會選舉中，於新5邦及柏林邦東部能獲得不低的支持度。該黨對東區的政治影響力，的確不可等閒

視之。[20]

　　遺憾的是，德東人對新政治體制與秩序的接受，並沒有正面促使彼等對政治組織機關產生較高的信任感。探其原因，多半出自於兩方面：其一，過去社會主義極權體制下黨國權力機關官僚惡風及人事腐化的陰影猶存，繼續負面影響東區民眾的相關感受；其二，短期內，改造後的政府官方機構百事待理，一時無法展現出為民服務的治理績效。如此局面致使各級行政官署儘管盡力以赴，仍然難以取得普遍民眾對「人民公僕」的信賴。

（2）政治定向的兩難

　　統一後10年內難免生成的東、西分歧性政治文化中，德東公民對國家發展及族國認同的政治定向呈現出無所適從、左右兩難的窘態。事實上，德東新5邦人民政治定向上的測量，基本上，有其不易掌握的困難度。主要原因在於：德東民意及民眾的政治態度，因受到該區社會、經濟、勞動市場情境和民生條件充滿不確定性、又難以及時改善的影響，而始終顯現變異性高和搖擺不定的現象。多數民眾對國家事務的認知，在結構上，仍然十分鬆動和脆弱。雖然定向測量不易，但是可確定的是，德東人民在統一前、後接受兩種意識形態及體制上截然不同的政治、社會、經濟和文教之薰陶，讓彼等內生一種不同於一路走來情境顛簸不大的德西人民之特殊政

---

20 以1990至1998年期間3次聯邦議會大選結果為例，民社黨的得票率：柏林東區介於25%-35%之間，僅次於社民黨，而高於基民聯盟、自民黨及綠黨。以90年代兩次柏林邦議會選舉結果為例，該黨在東區的得票率在24%-36%之間。在新5邦邦議會選舉方面，以布朗登堡邦1990、1994年選舉結果為例，該黨得票率在13%-19%之間。以梅克倫堡－前波爾門邦1990至1998年期間3次選舉結果為例，該黨得票率在16%-24%之間。資料來源：Mannheim Forschungsgruppe Wahlen E.V. Institut für Wahlanalysen und Gesellschaftsbeobachtung（ed.）1998 Wahlergebnisse in Deutschland 1946-1998, Mannheim., 頁109,111,120,124。

治圖像、感受及價值評斷，也使彼等的政治定向陷入西區同胞所沒有的兩難困境。[21] 對德東公民而言，以何者為政治定向的指標？這個問題成為政治態度上最大的困擾。換言之，1990年秋前、後兩種「格格不入」的政治經濟生活體驗，即為：統一前社會主義極權統治下的體驗與統一後資本主義、議會民主政治下的體驗，融合成一體，內化於新5邦民眾的心境中，一時難以為當事人所明確區隔，遑論完全擺脫過去40年鐵幕時期痛苦的記憶和體驗。如此兩種同時發酵的相對生活體驗，形塑著德東人民對政治的思維、態度和行為模式，致使民眾表現出與其德西同胞分歧頗大的特有政治文化。其特殊性，在政治態度的光譜上呈現出，從政治冷漠與失落感、心態失衡、低度政治參到支持激進政治勢力的民主反常態度。

在政治定向的兩難中，德東人的心態介於對現行資本主義社會的偏向和期待與對既往社會主義社會的眷顧和懷念之間，身陷何去何從的窘境。[22] 如何及時克服此種政治定向的兩難？最有效的方法莫非東區社會、經濟、民生和地方基礎建設工程的加速進展，並能如期完成。換言之，德東建設及開發的成果是化解人民定向兩難的良策。綜觀德國發展史，可發現一項定律，即為：國家治理者造就的經濟成效，始終成為政治績效的主要衡量標準。[23] 為此，戰後最佳實例便是，西德1950／60年代締造出社會市場經濟的卓越成效，

21 參閱Manuela Glaab／Karl-Rudolf Korte: Politische Kultur, in: Werner Weidenfeld／ Karl-Rudolf Korte （ed.）1999 Handbbuch zur deutschen Einheit 1949-1989-1999 Campus Verlag, Frankfurt am Main, 頁 645。
22 新5邦人民對過去社會主義社會的懷念，起因於：德國統一後東、西區建設及發展差距過大，無法及時有效縮短。國內發展的失衡、東西區民生水平的不齊一以及新5邦失業率的居高不下，致使處於劣境的德東人原先的期待落空。彼等失望之餘，轉而內生對過去社會主義社會相當程度的懷念。
23 M. Glaab／K.-R. Korte, 前引文，頁647。

被譽為「經濟奇蹟」。以此種傲視全球的經濟績效來衡量基本法之國的憲政民主政治；聯邦共和國的自由民主基本秩序，被西德朝、野、上、下認定為唯一適合現代德國國情、帶給德國百姓政治生活空前最安定的政治秩序。

（3）德東變遷的環境與公民政治文化未同步進展的異象

　　雖然德東人民政治定向不易被測量，但是葛萊菜哈根仍運用「未同步進展」概念，來解析東區政治文化的特異現象。依葛氏的解釋，德東人對其所接受的聯邦共和國政治、社會與經濟體制在形式或表象上的適應，並不等於彼等已經從內心上建立起對基本法憲政民主根本價值以及對西德型社會市場經濟和勞動市場秩序的信念與認同感。[24] 以同步進展的觀點來看，事實顯示，雖然德東新5邦及柏林邦在加入聯邦共和國、與德西10個邦完成統一，從而使東區人民同樣享有自由權的保障和民主政治成果帶來的福祉，但是東區民眾對政治的基本圖像、認知、感受及價值評斷，並沒有亦步亦趨地與該區政治的民主化、經濟的市場化及社會的開放和多元化而同時配合國情的改變以完成相稱性之轉化。簡言之，德東的政治文化並未隨新環境的形成而同步調整。意思即指，在新5邦，由社會主義轉變為資本主義社會的發展與政治文化現代化的發展兩方面，沒有步調協同地並駕齊驅，同時進行。德東公民政治定向有助於民主政治發展的正面轉變，跟不上德國內部大環境改造快速的腳步。統一後體制更新的同時，德東人卻仍然佇足於統一前社會主義社會所型塑的典型態度與行為模式中。此種過時的心態和行徑，短期內確

---

24 同前註。

實無法從彼等身上完全根除，因此難免依舊以固有的態度，來迎接統一後新環境的挑戰。政治態度的奇異或失調是可想而知的結果。

（4）從東、西區未同步進展到政治文化分歧

「未同步進展」概念也可用來分析德東與德西政治文化進展的不同步現象。東、西政治文化的分歧起因於此種現象。無可否認，統一帶給德東人的衝擊遠大於德西人。主要原因不難理解，即為：前者面對一個亟待改造及新創的生活環境，該環境氛圍之大，括及政治、社會、經濟、勞動、教育、專業科技和學術研究等全面。如此局面勢必帶給各方面表現落後的德東人沉重的壓力和巨大的衝擊。彼等必須在聯邦與邦政府責無旁貸地支援下，尋得投入家鄉重建上適當的方法。否則，重重問題無從解決。相形之下，後者所處的民生環境及生活方式，基本上，依然一如過往，並未因統一的完成而發生結構性的重大改變。是故，德西人生活中的相對安定感得以持續。不過，不容忽略的事實是，統一後，德東百廢待興的頹勢讓聯邦共和國的財力負荷空前加重。為此，德西同胞毫無選擇地分擔了前所未有的重負[25]。如此一來，西區民眾自然也同樣受到相當程度的衝擊，唯衝擊的來源與東區不同，而衝擊力不及東區之強勁而已。就衝擊來源而言，西區源自於財稅負擔；東區來自於對新體制和新環境的因應及調適能力。

德東人對新環境巨大衝擊的感受以及短期內因應和調適上的乏力，是造成新5邦特有政治文化生成的主要原因。相對於德西，德東物質環境條件的劣勢，而及時扭轉逆境上的高度困難，致使該區

---

25 德西人民必須為統一後德東建設所需的所謂「團結基金」，慷慨解囊。此外，在納稅義務人收入並未增加的同時，卻須依法繳納比統一前更多的稅金，也使荷包更加緊縮。

民眾內生對自身所處現狀和當政者援東績效的不滿心態,接踵而來的自然是民怨四起。此種不滿與失落感直接負面影響到對國內政治的基本圖像、認知、感受及價值評斷。如前所述,新5邦人民的態度與定向分布在政治光譜上幾乎所有的區域。整體而觀,德東政治文化呈現出疏離參與型政治文化的景象。耐人尋味的是,未久前,統一過程進行中,東德人民透過自由選舉的訴求、公民運動的震撼力及質量並重的大選參與,孕育出逐漸成形的參與型政治文化。短短數月間政治文化現代化的成果,較之於西德數10年育成的參與型政治文化,毫不遜色。遺憾的是,此種初成的參與型政治文化,統一後卻出現巨幅的轉變。其結果顯然遠離了該型文化中民主政治參與的珍貴特質。

　　正值德西始終穩定地持續傳承西德時期參與型政治文化展現的成果,邁入鞏固階段;於此同時,德東卻偏離公民文化現代化而行,將方興未艾的參與型政治文化,變質為政治疏離、低度參與及政治偏激多種態度交織成一體的特有政治文化。此種公民文化的質變,對聯邦共和國過渡時期東區的重建和全德國整體的發展而言,無疑是有百害而無一利的。因為德東在欠缺公民高度政治參與及國家認同下,自身難以凝聚成一股振興本土社會與經濟所需的精神力量。東區政治文化現代化的向後倒退與德西參與型政治文化的持續前進兩者間,形成鮮明的對比。如此情境彰顯出過渡時期東、西區政治文化以不同步調發展的非常狀態。德國內部分岐性的政治文化於此而大勢底定。

2. 兼顧德西社會下的德東社會情勢

　　如前所論,克服德東人民政治定向兩難困境最有效的方法便是

新5邦社會、經濟、勞動市場、民生和地方基礎建設的加速完成。
東區民眾在享有大幅改善的生活環境下，得以安居樂業，從而內生
對聯邦共和國憲政體制特質、民主政治效能、各級政府施政、民主
政黨功能、資本主義社會公義、社會市場經濟及勞動市場秩序合
宜性的認同感，更重要的是，燃起對本土發展前景的信心。如此一
來，政治定向的兩難自然迎刃而解。東區社會與經濟情勢的改善可
視為化解該區政治文化難題的先決條件。

（1）德東社會現代化的努力與嚴重的大眾失業問題

　　德籍學者蓋斯勒（Rainer Geißler）採用「快速迎頭趕上的現代
化」一詞來形容1990年至1999年期間德東社會變革的情狀。此間，
社會結構處於革命性的劇變階段。德西政體、法制和官方意識形態
向德東的移植與東區經濟制度加速的轉型，是引起社會結構劇烈變
革的原動力。在與政治結構革新及經濟快速轉型緊密結合的社會活
動範疇裡，變革的速度最快，幅度最大。此種劇變讓東區快速迎頭
趕上已然現代化的德西社會。新5邦加速追求社會現代化的核心所
在，正好是被過去滿載赤字的社會主義體制所破壞和摧殘殆盡的特
定範疇；居其首位者，不外乎因績效赤字而造成與德西在社會繁榮
富裕上的極大落差。無疑，此種落差是社會主義遺留下來繼續阻礙
德東社會重建績效、讓社會現代化工程甚難如期推動的嚴重缺陷。
此種在出發點上的缺陷必須儘速被掃除，東區社會現代化的目標始
能實現。由此足見，德東的社會結構承受完成現代化工程上沉重的
壓力。[26]

26 Rainer Geißler: Soziale Wandel, in: W. Weidenfeld／K.-R. Korte（ed.），前引書，頁684。

140　　德國政治文化之發展

　　另方面就德東社會就業市場而論，早在統一前兩年，依據可靠的統計，東德社會從業人口達到898萬人，佔人口總數的54%。此過半數中，勞工以壓倒性多數，計有758萬人。工人階級為社會主義社會構成的主體是天經地義的。儘管仍有全民中未從業的部分，然而官方卻揚稱，東德至1989年為止，沒有失業問題。事實上，不少產業、管理單位和務農業因嚴重欠缺專業人員，而出現低度從業現象。此種狀態反映出被掩蓋的失業實況。其後，東區市場經濟改造的大勢下，由於為數頗眾的國家公職人員（特別是國家安全局人員）被迫解職，是故自1990年初後，出現失業人數不斷增加的反常局面。依據非官方的統計，同年中期計有30萬左右德東人在尋求就業機會。[27] 由此看來，德西社會市場經濟引進德東所造成的經濟轉型，反而導致該區社會大眾失業問題的產生及其益加的嚴重。往後數年間，經濟結構持續的調適，外加受到季節性的影響，致使新5邦就業率大幅下降；失業率相對上升。同時，短期工作現象也每況愈上。此種現象演變成兩個對東區社會及勞動市場發展不良的後果：其一，德東人為求就業，時留本土，時赴德西，從事短期或不定期工作，如此形成勞動人口移動於東、西間的奇景；其二，東區有工作能力者遷居德西各邦，俾確保長期就業的機會，如此造成德東生產力不斷的流失。從表6-1中，可一目了然全德國16個邦的失業率：

　　表6-1不僅顯示德國統一後第1年所有邦失業率的高低，而且也反映東、西區間失業率的對比。從各邦個別看，東區除了薩克

---

27 參閱Eleonore Baumann／Wolf-Rüdiger Baumann／Doris Breuer／Hans-Dieter Haas etc., 1990 Der Fischer Weltalmanach 1991 Zahlen Daten Fakten, Fischer Taschenbuch Verlag, Frankfurt am Main, 頁268-269。

表 6-1 1991 年 6 月德國 16 個邦失業率一覽表（單位：%）

德東 6 個邦	失業率（%）
梅克倫堡－前波爾門	11.9
柏林東、西區	11.4；9.2
布朗登堡	9.5
薩克森－安哈特	9.7
薩克森	8.1
圖林根	9.4
德西 10 個邦	
史雷斯威－侯爾斯坦	6.8
漢堡	8.5
布萊梅	10.4
低薩克森	7.6
北萊茵－西法倫	7.6
黑森	4.9
萊茵區－普法爾茨	5.2
薩爾區	8.7
巴登－威騰堡	3.4
巴伐利亞	3.7

資料來源：Eleonore Baumann / Wolf-rüdiger Baumann / Doris Breuer / Hans-Dieter Haas etc., 1990 Der Fischer Weltalmanach 1991 Zahlen Daten Fakten, Fischer Taschenbuch Verlag, Frankfurt am Main, P330.

森邦以外，其他 5 邦皆超過 9%，而以北部梅、柏兩邦失業問題最為嚴重。至於西區大眾就業情況，則以南部巴登與巴伐利亞兩邦為最佳；反之，北部布萊梅邦表現最差。東、西區對比，德西 10 邦失業率平均值為 6.8%；德東 6 邦則高達 9.8。相較下，東區失業問題顯然比西區嚴重。其主要原因如前段所述。事實顯示，從 1990 年 7 月兩德「國家條約」所規範的「經濟、貨幣暨社會聯盟」（以下簡稱：經貨社聯盟）啟動、而西德馬克被引進東區以取代東德馬克以後，

德東失業人口數便直線升高；1991年2月達到同年6月前的最高點：270萬人。[28] 此後，又呈現逐月緩降現象。同一時期對比下，德西失業人口數為1百85萬人，低於東區幾乎100萬人。[29] 西區生產總值強力的上升有助於全民就業目標的實現。生產力與就業情況兩者間，存有互為因果、相輔相成的密切關係。

德東社會失業景象的後續動向及與德西失業率的對比，顯現於下表數據中：

表6-2　1992年至1999年德東與德西失業率一覽表（單位：%）

時間	東、西區失業率
1992年7月	14.6；6.0
1993年7月	16.0；8.2
1994年8月	15.5；9.1
1995年	14.9；9.3（年平均值）
1996年	16.7；10.1（年平均值）
1997年	19.5；11.0（年平均值）
1998年	19.5；9.4（年平均值）
1999年	17.6；8.8（年平均值）

資料來源：Eleonore Baumann／Wolf-Rüdiger Baumann／Mario von Baratta etc. Der Fischer Weltalmanach 1993,1994,1995,1996,1997,19987,1999,2000,2001 Zahlen Daten Fakten, Fischer Taschenbuch Verlag, Frankfurt am Main, P312, 365-368, 201-202, 234-235, 205-206, 245-246, 213-214, 246-247, 243-244.

28 兩德「國家條約」所規範的「經濟、貨幣暨社會聯盟」詳情可參閱葉陽明1999 德國問題與兩德統一，台北國立編譯館出版，頁415-429。
29 參閱Eleonore Baumann／Wolf-rüdiger Baumann／Doris Breuer／Hans-Dieter Haas etc., 1991 Der Fischer Weltalmanach 1992 Zahlen Daten Fakten, Fischer Taschenbuch Verlag, Frankfurt am Main, 頁349。

從表6-2數據可看出，自1993年起，德東失業率與前1年比較，大幅升高，至1999年為止，每年皆達到15%以上，居高不下；20世紀結束前3年，甚至高達幾近20%。由此可見，該區失業問題始終處於嚴重狀態而無法緩和。另方面，東、西區間失業率對比下，高低差距頗大。相對於1991年呈現出較小落差，自1992年以來，差距拉大到5%至10%之間。

儘管德東勞動市場嚴重的失業問題一時難以紓解，然而新5邦設法排除績效赤字、加速追求社會現代化的努力卻並未因此而受到阻礙。德東各邦深刻體認到，社會建設現代化的加速完成，是迎頭趕上德西社會繁榮富裕的不二法門。

（2）邁向富裕社會的大躍進

統一前一年，在顧及兩德人民購買力較大差距下，東德勞工每人的年總收入祇達到西德勞工的31%；其生計收入的淨值僅及西德同業的47%。然而，貨幣聯盟啟動後頭幾年，德東人的工資便顯著地逐漸接近德西；原來東、西間大幅的落差因此快速地縮小。至1990年代結尾兩年，東區人民平均收入祇落後西區的10%。由此可見，歸功於經貨社聯盟功效的發揮，德東社會逐步脫離貧困，加快步伐，邁向社會富裕化的預期目標。

進一步，從德國型資本主義模式勞、資夥伴關係中兩方就勞動報酬率所協定的工資（Tariflöhne）及薪資（Tarifgehälter）觀之，德東同樣呈現出明顯的逐年增長趨勢：1991年底，東區達到西區水平的60%；1年後，增加到73%至78%；1998年，德東職工的薪資所

得已增高到其德西同行者的90％。[30] 此外，東、西區在內需導向的生計收入上之差距，也藉由社會市場經濟下勞動市場的功能化而得以縮短。依據對社會一般家庭或住戶經濟狀況調查的結果，1991年德東百姓收入僅及德西的45％；為時不長的4年後，已增加到85％至88％。其他足以顯示東區人民生活水準確實在快速提升的指標還包括下列各項：旅遊業爆發性地興旺；居住品質不斷提升；住家內部設備和裝潢顯著地改善等。可確定的是，20世紀終了前兩年，至少在物質生活水準方面，德東民眾所擁有者，幾乎與其西區同胞拉平。[31] 綜合而論，統一後過渡時期，德東社會表現出邁向繁榮富裕的大躍進。東、西區社會富庶程度上的差距快速地縮小；此方面落差的縮小，在速度上，比兩區生產力差距的縮小，來得更快。就後者而言，1992年，東區僅為西區的39％；5年後，增長至62％。[32] 值得玩味的是，德東退休者月領養老金的金額及其逐年增長率皆超過德西。[33] 至少由此單項看來，德國政府對東區人民生活照顧的付出不會少於德西。

---

30 根據1998年德國「聯邦統計局」公布的數據，以一個4位成員的就業勞工家庭為例，平均每月收入總額在德東為4千5百餘馬克；在德西則達5千5百餘馬克。兩區職工收入皆比上1年多出1百馬克左右。

31 物質生活水準方面，德東民眾幾乎與其西區同胞拉平。實例如：1997年，德東家庭或住戶擁有電話者，達到該區全體的94％；同年，德西為97％。1989年至1992年間，東區住民的自用汽、機車數量倍增；1997年，汽、機車數量，在其品質與德西相近下，甚至略微超過德西。

32 參閱R. Geißler, 前引文，頁685。

33 東區退休男性每月養老金1993年為1千3百馬克，1999年則增長至1千9百馬克。相對於此，德西退休男性每月養老金1993年為1千7百馬克，1999年僅增長至1千8百餘馬克。東區退休女性每月養老金1993年為8百餘馬克，1999年則增長至1千2百馬克。相對於此，德西退休女性每月養老金1993年為7百餘馬克，1999年僅增長至8百80馬克。資料來源：W.-R. Baumann／M. v. Baratta etc. Der Fischer Weltalmanach,2001 Zahlen Daten Fakten, Fischer Taschenbuch Verlag, Frankfurt am Main, 頁246。

（3）社會發展的去政治化

德東社會邁向繁榮富裕及現代化的過程中，除了必須先排除績效赤字以外，還務必革除阻礙效能的社會泛政治化現象。無疑，此種現象生成於過去東德社會主義極權統治年代。是故，去政治化也是社會追求進步及發展的先決條件。東區社會的去政治化無法畢其功於一役，需假以時日，循序漸進地完成。是以，隨著聯邦共和國基本法憲政民主秩序移建於新5邦，俾替換原來的極權政治體系，德東社會既存的泛政治化現象，便逐步改善，終至德西工業民主社會一般認可的程度。同時，社會發展朝向有助於政治與社會文化現代化的多元化努力。社會新規範明示，過去對政權的效忠宣誓不再作為取得所有行業領導地位的進身之階；唯有出眾的專業能力及績效卓著的任職表現，才是榮登部門主管的必備條件。此外，職工是否具備第2專長，也成為企業裁員的判據之一。專業化及競爭性的勞動市場新情勢所趨，從前眾多效忠獨裁政權、而位居產業或企業領導高職的黨工幹部，在欠缺足夠的專業知識和技能下，自然遭到被企業撤銷職務的命運。

（4）社會垂直型不平等的增長

在社會發展去政治化的同時，並行出現社會階層不平等程度增長的變遷。定位於德東社會基層的工人與農民社會，基於其專業技能而得以逐漸轉變其位階，終究進入帶有濃厚分級色彩的分殊化社會之中間階層。此種現象意謂著社會特定階層原處位階升降的異動。對勞動階層而言，顯然是社會階層的升等。本質上，帶有強烈分級特性的東區分殊化社會，即等同於一個垂直型不平等的社會。另方面，阻礙績效成長的社會階層齊一化措施經扭轉後，致使社會

分殊化現象益形顯著。德東分殊化的社會中，各型各類多樣性的社團與幾乎所有社會階層，無形中改變了彼等原處的社會位階。位階高低異動的結果，造成社會階層結構的重整，進而難免導致社會階層的不平等，甚至造就出民主政治體系中的階級社會。[34]

如前所述，德東退休者月領養老金額的增長，即為一個用以說明社會位階異動的相關實例。養老金額的增長，讓退休人員取得比其他特定社會階層較優越的地位，當然又進而改善養老階層的生活條件。東區依循西區模式所施行的養老保險新制度，使得退休後的銀髮族免於過去被社會主義政策邊緣化的厄運。

3. 兼顧德西經濟下的德東經濟情勢

統一後過渡期，德東經濟發展可從3個階段的良劣交替情勢來掌握。第1階段（1990-1992年）：經濟情勢惡化；第2階段（1992-1995年）：經濟情勢好轉；第3階段（1995-1998年）：經濟景氣下跌。同一階段，德西經濟發展相對於德東，從開始的興旺，經過中間階段的停滯和衰退，進入後階段的穩定。相關情勢精論如下。

（1）第1階段：經濟情勢惡化

貨經社聯盟啟動後，西德幣值穩定又強勢的馬克，成為東德唯一正式的支付工具，其結果對兩德經濟皆產生直接的影響；尤其對東德造成頗具震撼力的衝擊。新貨幣在東德市場上的通用導致社會市場經濟中新競爭機制的建立。新競爭機制的啟動讓東德瀕臨崩潰的資產頹勢曝露無遺。更清楚可見的是，經濟生產能量嚴重的

---

34 參閱R. Geißler, 前引文，頁687。

匱乏。不敵自由市場力量的強勢衝擊,無法承受馬克大幅升值的壓力,加以難以招架經濟大環境改變帶來的嚴峻挑戰,東德產業界許多產業及企業體已然喪失立於不敗之地的起碼競爭力。此類產業經常在無利潤可圖下,仍然以高成本生產品質二流的產品。市場上產品滯銷,是理所當然的結果。東德品質與價格不具競爭力的產品,不僅在西德及東歐市場上難以找到銷路,而且就連在本土市場,也陷入銷售困境。原因在於多數東德消費者對本土產品缺乏信心,若有選擇的機會,彼等寧願採購外國舶來品,尤其偏好包括西德在內的西方工業先進國之產品。直到1992年以後,德東產業逐漸能在市場經濟秩序中培養出調適能力及競爭力,其產品才重獲本土原顧客的信心,甚至以低價格的傾銷,獲得德西消費者的青睞。

　　1991年,東、西區在經濟效能高低上的根本差異,完全突顯出來。此時,德東經濟陷入最嚴重的困境,因為陳舊過時的生產結構幾乎徹底解體;雪上加霜的是,對新5邦經濟發展具有重大助益的東歐貿易全面停擺。由於產業解體及無競爭力的生產線停擺,大量勞動力及勞動能量淪落到英雄無用武之地的地步。如此一來,失業人數激增,如前所言,高達270萬人。另一方面,雖然德東的加工產業幸能以本身績效,維持在市場上的一席之地,但是礙於東區工資急速且大幅的上升,而必須附加承受因應上的壓力。所幸者,舊有生產結構解體的同時,接踵而來的是經濟結構中新興行業的崛起,例如:過去東德所忽略的服務業。該行業興起後迅速蓬勃的發展刺激了經濟的脈動,使德東陷入頹勢的經濟能起死回生。此外,中、小型企業經營的成果以及政府和民間對建築業的投資,同樣有助於新5邦經濟活化的起步。基於新生機的注入,德東經濟在苦撐1

年後，露出好轉的曙光。[35]

（2）第2階段：經濟情勢好轉

自1992年起，東區經濟情勢出現好轉景象，景氣為時3年。至是年1月底，聯邦政府透過「託管總署」（Treuhandanstalt），對德東5500餘產業體，挹注巨額的新資產，並促成高達1170億馬克的地方基礎建設性投資，同時開創967000個就業機會。規模最大的投資活動進行於薩克森邦，投資金額計327億馬克；不僅致使1500餘產業體的民營化，而且開創267000千個就業機會。[36]由新5邦與柏林邦生產總值增長7.2%；往後3年營造業營運大幅擴張（1992及1993年營造委託案各增加48%和30%）以及加工產業持續興盛等事實，足見東區經濟情勢較前1年獲得可觀的改善。全區經濟情勢呈現出好轉趨勢。

另在擴大內需方面，同樣展現正面的發展；以工業成品需求為例：1993年需求量增加17%。[37]

即使德東經濟步上振興，趨向景氣，然而在基本面上其經濟正面發展的動向卻不是基於己身的實力所然，而係仰賴由聯邦政府及德西向該區移轉的資金及來自西區及外國的投資。至於總體經濟生產質量的成長，則主要歸功於不與德西相對競爭的營造業及加工產業之活絡。事實上，東區經濟情勢的好轉並沒有直接有效地帶動社會高失業率的降低；經濟景氣的趨向也無法掩飾面對西區在生產專

---

35 參閱Jürgen Gros: Wirtschaft, in: W. Weidenfeld／ K.-R. Korte （ed.），前引書，頁850-851。

36 參閱W.-R. Baumann／M. v. Baratta etc 1992.Der Fischer Weltalmanach 1993 Zahlen Daten Fakten, Fischer Taschenbuch Verlag, Frankfurt am Main, 頁307-308。

37 參閱W.-R. Baumann／M. v. Baratta etc.1994 Der Fischer Weltalmanach 1995 Zahlen Daten Fakten, Fischer Taschenbuch Verlag, Frankfurt am Main, 頁193-194。

業技術上的落後頹勢。

就同期德西經濟情勢觀之，統一後西區經濟發展出現統一後繼政治效應正面影響經濟後的首度停滯和衰退現象。德國聯邦銀行針對產業生產成本及產品價格的上揚，藉由調高放款利率作出回應。如此導致馬克在國際外匯市場上的大幅升值，進而重創德國工業成品價格在全球市場上的競爭力。被國家統一成果暫時掩蓋的德國產業在全球貿易中之競爭弱勢，又重新浮上檯面，且日趨嚴重。西區產生內需縮減及國外需求量倒退的問題，無法透過東區內需的擴大以取得平衡。德西生產能量充分發揮的程度同樣在降低中。儘管經濟停滯和衰退，但是西區社會就業人數尚能維持平穩，因為加工產業部門的裁員足以借助營造業及服務業範疇擴張所需的勞動人口來獲得填補。[38]

（3）第3階段：經濟景氣下跌

1995年起，東、西區經濟發展呈現回轉到第1階段的景象。正值德西再造經濟穩定之時，德東經濟又陷入不景氣的情境。至1994年底止，新5邦及柏林邦基於較高的經濟成長率等正面績效，在可見的未來，東區總體經濟似乎有希望迎頭趕上西區水準。未料好景不常，自1995年起，德東經濟基礎薄弱的原狀又顯現出來。就經濟成長表現而言，是年展現不如過往3年的情況；成長率為5.2%，僅幾近去年的半數。實況顯示，主要因為營造業範疇在內需減少下投資減弱，而造成經濟成長的逐年衰退，成長率每況愈下：1996年成長率持續降低至1.9%；1997年因不少公司倒閉，成長率再下跌至

---

38 參閱J. Gros, 前引文，頁852-853。

1.6%（首次低於德西經濟成長率）；1998年，在全國經濟成長率較去年（2.2%）略增、達到2.8%之下，東區呈現與上年持平局面。[39]

　　致使德東經濟景氣下跌的另個因素，則為服務業蹣跚慢步性的擴張。較之於服務業興旺的德西，東區該行業占經濟生產總值的31%，始終呈現出亟待強化的弱勢。由此看來，德東經濟發展第3期的主要阻力在於：當扮演東區經濟景氣原動力角色的營造業漸失其往年光彩的同時，加工產業與服務業皆欠缺替換營造業來承擔經濟發展火車頭重任的能力。是故，加工產業與服務業的重振，是德東經濟恢復景氣的先決條件。

　　論及德西經濟情勢。繼1994年景氣再現後，往後兩年經濟發展出現成長上暫時性的低落；1995年生產總值較之去年降至1.5%；1996年持續下跌至1.3%。表現欠理想的原因來自於多種因素的惡性互動，包括：職工薪資率的調整、馬克的升值、市場供需的不平衡以及企業界投資意願的低落等。自1997年起，從經濟成長率達到2.2%，比上年表現較佳看來，可確定，西區固有10個邦的經濟發展再回到穩定狀態。德西經濟成長主要歸功於以出口為外貿導向的獲利；出超可謂西區經濟復甦的原動力。馬克幣值的升貶，對出口經濟影響甚巨；1995及96年，出口經濟受到馬克升值的負面影響，未能達到助長經濟成長的預期目標；1997年，因為馬克貶值，所以出口經濟承受的壓力才得以紓解，進而促成經濟成長率的增高。1998年，德西出口經濟受害於全球經濟擴張及亞洲經濟危機，出口需求

---

39 參閱同前註，頁854-855。W.-R. Baumann／M. v. Baratta etc.1998 Der Fischer Weltalmanach 1999 Zahlen Daten Fakten, Fischer Taschenbuch Verlag, Frankfurt am Main, 頁207。W.-R. Baumann／M. v. Baratta etc.1999 Der Fischer Weltalmanach 2000 Zahlen Daten Fakten, Fischer Taschenbuch Verlag, Frankfurt am Main, 頁242。

較為減少，所幸能藉由內需的擴增，讓西區經濟發展仍能維持平衡及穩定。[40]

（三）德東、西分歧政治文化的實際表現

正值德西人民在持續其參與型政治文化，而對聯邦共和國政治發展維持其一貫樂觀態度的同時，德東民眾對政治的認知、感受及價值評斷深受彼等所身處的本土社會與經濟情勢及其發展良劣的影響。是以，在新5邦及柏林邦東部的社會及經濟態勢與民眾的政治定向兩者間，存有緊密的因果關聯。至於該區人民的政治定向，以及彼等身處的社會與經濟情境，先前業已作出詳實的論述。由此論述中，應可發現人民主觀心態與社會、經濟客觀環境間的交互影響性。無疑，至少在統一後的最初數年，德東人民政治定向陷入兩難的窘境。其最有效的化解之道，莫非讓新5邦的社會與經濟真能穩定和符合民眾基本需求的發展。德東、西分歧性的政治文化實際表現如何？此種表現，對於從波昂共和邁入柏林共和的國家發展，具有何等的意義？值得進一步深究。

1. 德東、西民眾對統一後國家處境的感受及價值評斷

根據「阿冷斯巴赫民意調查研究所Institut für Demoskopie Allensbach」（簡稱：阿冷斯巴赫民調所）逐年追蹤民調的結果，德國內部對統一後國家處境的感受，表現出相當大的分歧性。德東與德西民眾間的分歧性尤其顯著。該所民調探詢的問題是：根據您的評斷，統一後的國家處境給您帶來喜悅或憂心感？面對這個問

---

40 參閱J. Gros, 前引文, 頁856-857。

題，東、西區住民的回應雖然有著相當程度的差異，但是差異還不甚大。值得玩味的是，從兩區分別觀之，則出現有趣的景象。就百分比而言，德西人民表示喜悅與憂心間的高低差距不甚大，隨著逐年時序，呈現出起伏交疊的現象；相對於此，德東人民喜悅與憂心間的差距甚大，隨著時序，同樣顯現出起伏、卻沒有交疊的現象。

　　下圖對照出統一後6年，東、西區百姓對國家統一的喜悅感。

圖 6-1　1990 至 1996 年德東、西民眾對國家統一的喜悅感（單位：百分比）

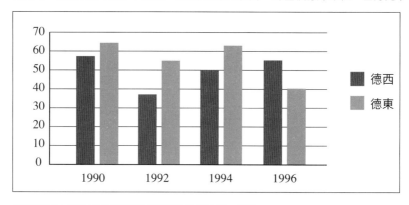

資料來源：阿冷巴赫民調所逐年追蹤民調結果，刊於：Klaus Schroeder 2006 Die
　　　　veränderte Republik Deutschland nach der Wiedervereinigung, Druck ＋
　　　　Verlag Vögel, Stamsried, P511.

　　全德國人民對統一感到喜悅者，達到40%以上。東、西區對比下，顯然德東人比其西部同胞的喜悅度較高，此期間皆在55%以上，而以統一年的65%為最高。至於德西人，有此種感受的比率，則介於40%至60%之間。不解自喻的是，1990年統一的完成帶給全民，無分東、西區，普遍的欣喜和振奮。是故，兩區人民有喜悅感

的比率，十分接近。其後受到東、西區社會與經濟情勢及其發展良劣的影響，兩區民眾的感受便產生變化，而差距自然拉大；1992與1996年差距皆幾近15%，1994年落差較小。如前所述，1990至1992年，德東經濟情勢惡化，民眾正面感受度下降10%；1992至1995年，經濟情勢好轉，使1994年感受度回升幾近10%；自1995年後，經濟景氣再度下跌，讓喜悅度降回到1992年的比率。新5邦實況證明，經濟發展景氣與否，直接影響該區人民對高政治度的統一之正負面感受。德西方面，實況顯示，經濟發展與民眾對統一的感受兩者間，並無直接的因果關聯性。換言之，正比關係並不鮮明。西區初階段經濟的興盛，未能讓民眾對統一所持喜悅感的比率上升，反而下跌20%；儘管中階段經濟停滯和衰退，1994年卻呈現出喜悅感比1992年回升10%的現象；後階段經濟的穩定並未帶動人民正面感受度的提升，出現1996年與4年前持平的狀態。圖6-2則顯示出同時期內，東、西區百姓對統一的憂心。

圖6-2　1990至1996年德東、西民眾對統一的憂心（單位：百分比）

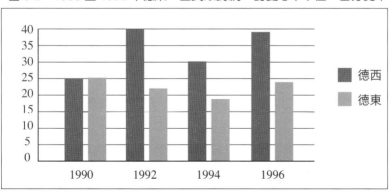

資料來源：「阿冷斯巴赫民意調查研究所」逐年追蹤民調結果，刊於：K. Schroeder, 前引書，頁511。

對於統一後的情勢，相形下，德西人民遠較德東人民感到憂心；此種現象以1992和1996兩年最為明顯。前者憂心感的比率逐年高低起伏甚大；後者則反之，而呈現較為平穩狀態。就東、西區比率差距來看，統一年差距最小；往後因西區比率增高，以1992和1996兩年為甚，而落差加大。社會與經濟情勢因素，對兩區民眾的負面感受，並沒有產生顯著的影響，尤其對東區。然而。1992年起西區經濟出現停滯及衰退，確實讓該區民眾的憂心程度大幅升高到40%；1994年仍在不景氣的末期中，民眾憂心感比率卻相對下降10%；1995年後經濟回穩，反而出現1996年再創幾近1992年高比率的景氣。

以上兩圖並未顯示1996至1998年期間兩區人民對統一後情勢正、負感受的比率。就此段時期兩區民眾的感受及價值評斷而言，德西人持有喜悅感的比率，從40%升高至接近50%；德東人有同感的百分比，則從55%升高到65%。兩區皆呈現增長、而增長率相同的現象。相對於此，兩區憂心者的比率，則同樣下降，然而下降幅度上，德西比德東較大。[41]由上述事實可確定，在1990年代後半期及即將從20世紀邁入21世紀的交接期，東、西區民眾對統一後國家發展抱持樂觀看好態度者，達到全民的過半數。20世紀末，德國全民對政治發展正面的表態，為即將啟動的柏林共和，在其繼波昂共和後一貫不變參與型政治文化上，注入一股有效的滋長能量。

2. 德東、西民眾對國家內在統一的看法

德國內在統一的意涵，簡明而言，便是指東、西區人民在政治

---

41 參閱K. Schroeder, 前引書，頁511。

精神與意識上一體化的融合。換言之，在兩個德國政治、社會、經濟和勞動市場等制度面完成統一後，統一真正能內化並深植於兩區人民的意識中，使德國全民在心靈及精神上水乳交融。針對德東、西民眾對國家內在統一的看法，阿冷斯巴赫民調所逐年進行調查，提出下列問題：您相信，德國內部無分東、西，成功地共同成長而凝聚成一體，或是東、西區基本上始終仍然停留在如同兩個國家的分歧狀態？表6-3反映出1990年代東、西區民眾對該問題的看法。

表 6-3　您相信，德國內部無分東、西，成功地共同成長而凝聚成一體，或是東、西區基本上始終停留在如同兩個國家般的分歧狀態？（單位：百分比）

	德西			德東		
	1993	1996	1998	1993	1996	1998
成功地共同成長而凝聚成一體	63	58	60	47	49	46
始終停留在如同兩個國家般的分歧狀態	19	23	29	32	30	35
無法決定	18	19	11	21	21	19

資料來源：「阿冷斯巴赫民意調查研究所」逐年追蹤民調結果，刊於：K. Schroeder, 前引書，頁518。

　　上表數據整體透露出，民調期間，無分東、西區，受訪者中幾近半數人對國家內在統一抱持樂觀的看法，認為兩區從在共同成長中凝聚成一體。相對於此，持悲觀態度、而相信東、西區始終停留在如同兩個國家般的分歧狀態者，比率不超過35%。兩區相較下，德西人民比其東區同胞在看法上較為樂觀；新5邦及柏林邦人民比聯邦共和國固有10邦人民較為悲觀。兩區分別觀之，西區民眾在90

年代初期的態度較中、末期為樂觀；該區人民態度悲觀者的比率隨時序逐年上升，其幅度甚至不小。此外，樂觀與悲觀者比率的差距相當大。東區民眾看法上，無論樂觀與否，逐年差距皆為接近，而樂觀與悲觀者比率的差距也不算大；看好內在統一者，達到幾近半數，以1996年為最接近，反之，悲視內在統一者，也計有不容小看的3成人數。值得注意的是，兩區人民對問題無法回應者的比率，介於1成到2成之間。

　　基本上，東、西區社會與經濟發展水準上落差的大小，是影響兩區人民對國家內在統一是否業已大功告成作出判斷的主要因素。以經濟發展為例，90年代初期德西經濟景氣，則有高達63%的受訪者認為兩區在共同成長中聚合為一體；中期經濟發展停滯和衰退，樂觀者的比率便下跌5%；末期經濟情勢回穩，看好內在統一者的百分比又回升到6成。論及德東，1992至1995年經濟好轉，造成1996年看好內在統一者的比率僅差1個百分點即達到50%；其後，經濟再陷入不景氣，樂觀者的比率又下滑至初期的數值。

3. 德東、西民眾對德國型民主政治能否真正解決現階段難題的評斷

　　基本法之國的民主政治能否真正解決現階段的難題？針對這個根本問題，「德國選舉研究團隊」（簡稱：選研團ipos）於1998年第14屆聯邦議會選舉後，進行調查研究。由於此次民調時間點落於波昂共和治理的末期，所以調查結果能代表統一後整個過渡期東、西區人民對問題的價值評斷。吾人由此結果可意會過往10年德國人相關方面的政治圖像。此處透過下圖一探究竟。

圖 6-3　1998 年大選後東、西區民眾對德國型民主政治能否解決當今難題的評斷（單位：百分比）

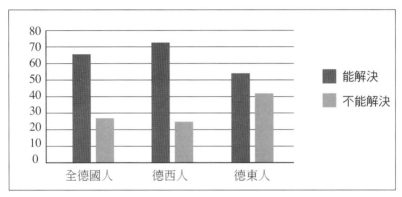

資料來源：「德國選舉研究團隊 ipos」1998 年 9 月調查研究結果，刊於：
Manuela Glaab / Eckhard Jesse / Matthias Jung / Thomas Emmert /
Hans Merkens etc. 1999 Politische Kultur im Prozess der inneren Einheit,
Bayerische Landeszentrale für politische Bildungsarbeit (ed.), München, P48.

　　圖6-3讓人對於全德人民、德西及德東人就所提問題的回應一目了然。德國全民斷定本國民主政治的功能化可以解決當今難題者，比率達到67%；持相左評斷者，則僅為28%。如此正、負評斷比率高、低落差甚大的現象顯示，全民對聯邦共和國民主政治抱持信賴感，絕大多數人相信，民主政治功能的發揮足以排除現階段的困境。持這種正面態度者的比率，德西（圖形中未以文字標示的立體直條）不僅高於全德國，而且更遠超過德東。此外，西區民眾對問題的正、負評斷比率十分接近全民的態度表現。相對於此，東區持正面評斷者的百分比偏低，而與負面評斷者在比率上頗為接近；計有12個百分點。顯而易見的是，德西人民對基本法之國的憲政民

主能解決國家困境的信賴度最高。由此可推知，西區10個邦人民比新5邦人民以更加樂觀而滿懷信心的態度，來迎接21世紀柏林共和新紀元的來臨。

4. 德東、西民眾對基本法憲政民主的認同感

　　波昂共和治理期最後的9年間，東、西區民眾對民主政治認同的態度呈現幅度不大的分歧。依據選研團ipos1998年的民調結果，全德國受訪者的86%認為，基本法憲政民主對德國而言，是最佳的政治秩序；認為還有另一種政治秩序會比現行憲政民主更好者，比率上祇有7%；尚有7%的受訪者對此無法判斷。由此可見，施行半個世紀之久的基本法憲政民主政治普遍廣獲德國全民的認同。東、西區分別觀之，則可顯見兩區人民認同感高低的落差。德西認同基本法憲政民主政治者，高達89%，確信，沒有另種政治體制優於現行體制；持否定態度者，僅5%而已。至於德東民眾對現行民主政治的認同度，則明顯低於德西。新5邦受訪人中，認為基本法憲政民主秩序是最佳者，達到74%；相信會有一種更好的政治者，計有13%；無法認定者，達到同樣的比率。[42]

　　儘管過渡期近尾聲之時，東區社會與經濟表現再次欠佳；失業率幾近兩成，為西區兩倍，經濟再度陷入不景氣，致使新5邦人民有4成百姓對於現行民主政治能否有效解決國家內政難題抱持疑慮、甚至否定態度，而針對全民精神和意識上的一體化融合又有3成以上民眾不以為然，然而不可磨滅的事實呈現在眼前的無疑是，聯邦共和國基本法憲政民主體制的貫徹，畢竟讓統一後瀕臨破產的

42 參閱M. Glaab／E. Jesse／M. Jung／T. Emmert／H. Merkens etc, 前引書, 頁48。

德東政治、經濟、社會、文化教育及勞動市場起死回生，產出前進的希望和活力。職是之故，仍然計有高達7成4的東區人民表達對於基本法憲政民主秩序的認同感，確信此種為全民造福、屢試不爽的政治秩序，是最佳的選擇。

5. 德東、西民眾對政黨代表其權益的態度

　　耐人尋味的是，東、西區人民對於政黨的態度並無明顯的分歧。選研團ipos同樣在1998年對兩區進行民眾政黨定向的民調。調查提出兩個問題：其一，依您之見，現有政黨是否讓適合承擔治國重任的政治菁英有進身之階？其二，是否必須建立一個新政黨，以更充分地代表您的所有權益？以下兩個圖形指出民調的結果。

圖 6-4　現有政黨是否讓適任治國重責的政治菁英有進身之階？
（單位：百分比）

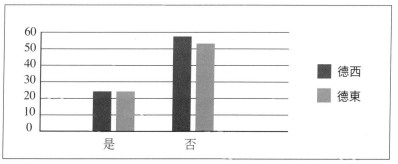

資料來源：M. Glaab / E. Jesse / M. Jung / T. Emmert / H. Merkens etc, 前引書，頁 50。

　　圖6-4顯示，兩區民眾看法一致，並不滿意政黨提供政治菁英進身之階的表現。東、西區受訪者中皆只有24%的人持正面看法；

看法相反者的比率，東區達到55%，略低於西區的59%。依據1967年7月聯邦共和國頒行的「政黨法」第1條第2項的規定，政黨8項任務之一即為，培訓有能力的公民，以承擔掌理公共事務之責任。[43]基此規定，政黨提供政治菁英進身之階，屬於其應該達到的基本任務。遺憾的是，在全民對政黨相關表現的基本圖像中，當時所有民主政黨能符合政黨法的要求，達成該項任務者的比率相當低。面對人民的不滿，在即將邁入柏林共和的關鍵時刻，德國各民主政黨責無旁貸，必須徹底檢討，以圖改善。

圖 6-5　是否須建立一個新政黨，以更充分地代表您的所有權益？
（單位：百分比）

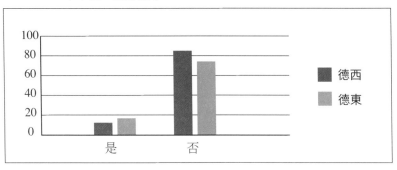

資料來源：M. Glaab／E. Jesse／M. Jung／T. Emmert／H. Merkens etc, 前引書，頁51。

　　雖然全民中過半數人不滿意政黨在達成應有任務上的欠佳表現，但是由本圖可瞭解，計有高達8成的受訪者並不認為必須再建

---

43 參閱Günter Dürig／Jutta Limbach 2001 Grundgesetz Verfassungsreformgesetz Parteiengesetz, Deutscher Taschenbuch Verlag, München, 頁128。

立一個新政黨，俾能更充分地伸張民眾的各項權益。相對於此，僅
有不足兩成者視成立新黨為必要。從這個事實可確定，多數人民對
政黨失職的反感程度還不至於造成彼等在根本態度上與德國現有政
黨體系保持距離。換言之，政黨疏離是公民政治文化中的偏差現
象，此種異常狀態在20／21世紀交替時的德國，並不存在。自1980
年代以降，儘管政論界與學術界熱烈討論關於德國人民漸生怒視政
黨（Parteienverdrossenheit）的問題，確實不乏人士態度上從厭惡政
黨惡化為怒視政黨。即便如是，絕大多數民眾卻依然不主張新政黨
的出現。因為在政黨光譜上，現有政黨業已呈現既充實又均勻的分
佈，實在沒有組織新黨的必要性。如此普遍人民肯定現有政黨體系
完整性的態度，從選研團ipos在1994和1998兩年的民調結果，已經
獲得證實。

小結

綜觀從波昂共和邁入柏林共和的過渡期之政治文化發展，可以
發現兩大基本上相容而具有代表性的景象：其一，德東與德西社會
與經濟情勢的良劣及其發展水準的高低落差，確實對此期間的政治
文化發展造成程度不低的影響，甚至衝擊。影響所及致使東、西區
人民表現出差異的政治定向，進而導致持續發展的參與型政治文化
結構上呈現出分歧性的變遷。兩區政治文化所受到的影響相較下，
社會與經濟因素對於發展欠缺長期穩定性的東區之衝擊力勝於西
區。至於引起分歧性政治文化現象生成的一方，則主要是政治感受
和價值評斷起伏不定的德東民眾。從根本面觀之，克服德東人民的
特殊心境、政治定向的兩難以及政治文化未與環境改變同步進展等
難題，釜底抽薪的方法，莫非加速有效改善新5邦趨弱的社會與經

濟態勢，提升百姓的生活水準，藉以逐步消弭東、西間的社會經濟差距。

其二，儘管分歧性政治文化彌漫於東、西兩區，兩區人民難免生成心靈上的隔閡，讓德國全民政治精神與意識上一體化的融合無法在過渡期內實現，但是絕大多數人民，無分東、西，皆深懷對基本法憲政民主秩序的認同感，確信自聯邦共和國立國以來的憲政民主政治是無可取代的最佳政治秩序。無疑，德國人民對基本法憲政民主秩序的認同即等同於對基本法之國的認同。民調證實，國家發展邁入新世紀柏林共和的前夕，德國全民的國家認同度高達幾近9成。如此超高的國家認同感，為柏林共和新紀元德國國族的育成、常態性新理念的啟動及新愛國主義思潮的興起，造就出不可或缺的動力。

三、柏林共和的政治文化

「柏林共和國」（簡稱：柏林共和）這個德國政治的新進名詞，由德國政論家葛羅斯（Johannes Gross）於1990年代開端率先創出，並將此概念引進國內政壇及公共事務領域，一時之間激起了政治界、政論界、公民社會、學術圈及傳播媒體等人士熱烈議論的風潮。葛羅斯本人則以撰寫報章政治版的相關文章，盡情揮灑其見解

而樂此不疲。[44] 1991年6月，德國國會兩院（聯邦議會與聯邦參議院）通過一項歷史性的重大決議，便是：將聯邦共和國國都遷回柏林，而聯邦層級憲政機關應該配合遷都決定，最遲於1999年底前，陸續完成還都的盛舉。據此事實以觀，德國統一後9年的過渡期內，儘管柏林共和之名早已誕生，但是國會、聯邦總統府、聯邦政府及其他聯邦行政官署和機關的所在地，仍暫時在波昂未遷。此段期間作為供給德國聯邦級憲政機關遷至柏林的緩衝期。還都盛舉大功告成後，自2000年起，柏林共和新紀元的國家發展正式啟動。

　　雖然柏林共和啟動後發展迄今為時僅短促的8年，但是此期間政治文化卻展現出五彩繽紛且充滿活力的新氣象。新氣勢之所以如此，便是因為這個從柏林來治理的聯邦共和國勇於面對不僅充滿挑戰性和考驗性、而且也孕育無窮生機的新情境，舉其重要者如後：柏林共和帶給德國全民美好的前景或重重的疑慮；柏林是否造就出一個全新的共和國或異於波昂共和的德國；柏林共和秉持「常態性」的新自我理念；從「後民族國家」演化到「德國國族」的宏偉格局；參與型政治文化持續進展中牽連出所謂「主流文化」（Leitkultur）的討論；從「憲法愛國主義」進化到「新愛國主義」的興起。

（一）政治、社會及經濟情勢

　　柏林共和啟動之初，政治、社會及經濟情勢尚稱維持平穩。分別論述如下：

---

44 參閱Ludwig Watzal 2001 Editorial, in: Aus Politik und Zeitgeschichte B1-2／2001, Beilage zur Wochenzeitung Das Parlament, 12. Januar 2001, Die Bundeszentrale für politische Bildung（ed.）,Bonn, 頁2。

1. 政治情勢

　　阿冷斯巴赫民調所的民調結果顯示，民眾對民主政治的滿意度
呈現升高到回穩的現象。下圖示意此一動向：

圖 6-6　2000 年 2004 年民眾對民主政治的滿意度（單位：百分比）

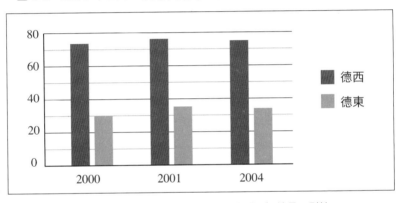

資料來源：「阿冷斯巴赫民意調查研究所」逐年追蹤民調結果，刊於：K. Schroeder,
　　　　　前引書，頁 491。

　　德東與德西人民對民主政治的滿意比率皆呈現升高到回穩的動
向。相較於西區民眾高達幾近80％的滿意比率，新5邦人民滿意度
徘徊在30％左右，不及西區的半數。此外，在進入21世紀之前後，
兩區人民對民主政治的滿意度皆微幅下降，基本上不致影響柏林共
和民主政治的穩定。

　　另就政黨人數而論，以2006年夏的統計結果與新世紀開端比較
來看，基民／基社聯盟保持平穩；社民黨則大幅減少，其不小部分
黨員為左派（die Linke）及民社黨所吸收；自民黨也略有降低；綠
黨增減率不大；左派／民社黨在爭取到部分社民黨人的歸向下，人

多勢眾，達到幾近自民黨陣容的強度；其別於他黨的特點是，東區黨員人數高達全國的9成。最強勢的極右政黨國家民主黨幾近7千人，雖為數不多，但是，在社會與經濟水準改善緩慢的德東地區，該黨結合極右暴力組織「新納粹政團」（die Neonazi），確實發揮了擾亂柏林共和民主政治發展的不小影響力，此股激進勢力的動向值得關注。下表指出2006年各重要政黨黨員人數概況：

表6-4　2006年夏各重要政黨人數在全國及東、西區分布概況
　　　　（單位：員額）

政黨 地區	基民／基 社聯盟	社民黨	自民黨	綠黨	左派／ 民社黨	國家 民主黨
全德國	743881	590485	64675	45105	61489	6700
德西	680169	549752	51999	38582	6057	4190
德東	63712	40733	12676	6523	55265	2510
東區佔全國 的比率	8.56%	6.89%	19.59%	14.46%	89.88%	37.46%

資料來源：各個政黨黨中央提供的黨員總數，刊於：K. Schroeder, 前引書，頁481

　　初開的柏林共和時代，各重要政黨黨員人數比西德時期皆呈現顯著的減少。1980年代，基民／基社聯盟計有83萬黨員；社民黨人數多達1百萬左右；自民黨人數則在8萬上下；綠黨維持在約4萬人。如前所論，自1980年代以來，民主社會中，民眾有感於政黨治國表現普遍不符合民心的期待，故而逐漸內生厭惡政黨及怒視政黨的非常態度。此為所有政黨黨員總數不升反降的主要原因。前已肯定，各政黨入黨人數的增加作為參與型政治文化的指標之一。由民眾對政黨的觀感來看，參與型政治文化在由波昂共和邁入柏林共和

的持續發展歷程中，顯然面臨嚴峻的考驗。

2. 經濟情勢

　　阿冷斯巴赫民調所的民調結果顯示，民眾對經濟情勢的滿意度呈現東、西區皆顯現每下愈況的趨向。下圖示意此一區向：

圖 6-7　2000 年至 2005 年東、西區民眾對經濟情勢的滿意度
　　　　（單位：百分點 %）

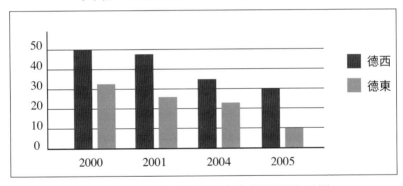

資料來源：「阿冷斯巴赫民意調查研究所」逐年追蹤民調結果，刊於：K. Schroeder, 前引書 頁 502。

　　上圖反映出，柏林共和起動後的5年，東、西區民眾對經濟情勢的滿意度，皆隨時序逐年降低。德西從50%降至30%；德東由32%下滑到10%。2005年，由於社民黨籍聯邦總理施略德未獲國會對信任案的通過、建請總統解散國會，造成聯邦議會提前改選，進而導致政黨執政的交替，第2次左、右兩大黨「大聯合政府」的治理。施氏推動社會、經濟及勞動市場改革的失利及邦選舉的挫敗，

成為執政權輪替的主因。是年,民眾對經濟情勢大表不滿的態度,由此可尋得解釋。

3. 社會情勢

從勞動社會中大眾失業率的高低,可看出社會情勢最具指標性的局面。下表明示柏林共和誕生以來社會失業率的概況:

表6-5 2000年至2007年社會失業率一覽表(單位:%)

年份 地區	2000	2001	2002	2003	2004	2005	2006	2007
全德國	9.6	9.4	9.8	10.5	10.6	11.6	10.8	9.1
德西	7.8	7.4	7.6	8.4	8.5	9.7	9.2	7.5
德東	17.4	17.5	17.7	18.5	18.4	18.9	17.4	15.2

資料來源:Statistik durch die Bundesagentur für Arbeit 2000-2007,
刊於:Mario von Baratta(ed). Der Fischer Weltalmanach 2002 2003
2005 2006 2007 2008 Zahlen Daten Fakten, Staaten Deutschland, Fischer
Taschenbuch Verlag, Frankfurt am Main, P245, 282, 136, 148, 149, 150.

由上表失業率數據可知,柏林共和國社會失業率介於9%至11%間,繼2003年至2005年逐年略升高後,近兩年又回跌到稍低於2000年的情景。德西失業率維持在7%至9%間;與德西差距仍相當大之下,德東失業率介於15%至19%間,顯現出失業問題始終未見緩和。惟2007年的表現是自柏林共和啟動以來最佳的一次,失業率首度跌破17%,降至15.2%。東、西區相較,則前者是後者的兩倍上下。此外,與1990年代相較,柏林共和時代,德西就業情況比過渡期略佳;德東情況亦同,且逐年差距不如90年代來得大。

小結

　　總體而評，繼波昂共和落幕後，21世紀柏林共和國的治理，無疑足以維持過去半個世紀聯邦共和國國家政治、社會及經濟發展的安定局面。就人民對國家現況的滿意度而言，顯然對基本法憲政民主秩序的肯定度遠高於對社會與經濟表現的滿意。為幾乎全民所認同的基本法一視同仁地保障東、西區民眾的自由與基本權利；該法之前，不分東、西區，人人平等，沒有任何人及群體會遭到歧視。至於社會與經濟生態，則不同於憲政民主，相關問題的解決比政治議題更加困難。即使邁入柏林共和，東、西區間在社會、經濟發展及地方基礎建設上，仍然保持著一時難以消除的落差。由此可解釋為何政治滿意度高於社會與經濟。

（二）柏林共和前景美好或疑慮重重

　　不僅德國人民，而且包括歐洲國家，甚至國際社會，皆以不盡相同程度在關注柏林共和時代的來臨。理所當然，德國全民身歷其境，對邁入新世紀的德意志祖國與祖族，深具血濃於水的情感，有著他國人士無可體會的心境。反之，對歐洲國家及國際社會來說，只以旁觀者的心態，觀察德國新局面。大體上，面對德國「第3共和」的誕生[45]，國內、外人士抱持兩種大異其趣的態度以看待之：其一，樂觀正視，相信柏林共和會持續波昂共和治理及發展上的穩定和興盛，國家發展將展現美好的前景及安定國內、外人士的未來；其二，傾向悲觀以對，懷疑、甚至憂心柏林共和是否又會重

---

45 德國共和史上，從威瑪共和，經波昂共和，邁入柏林共和。基此，作者稱柏林共和為德國「第3共和」。德籍政治學者中是否有人持相同的稱法，尚無法確定。

蹈二戰前歷史政治悲劇的覆轍？或柏林共和是一個切斷與「第2共和」[46]發展脈絡及斷絕與西方工業民主國家緊密關係的全新德國？

可肯定的是，絕大多數德國人民基於過去對基本法之國的認同，面對形式上與實質上皆未改變、唯還都柏林而已、而在繼續向前挺進的聯邦共和國，確實沒有內生悲觀和疑慮感的充分理由。因此，樂觀迎接柏林共和時代的到臨，是當事國朝野上下發自內心的態度。誠如德籍學者瓦查爾（Ludwig Watzal）所言，無論抱持何種態度，無可爭議的可取處在於，被德意志同胞始終認同為德國正統性首都的柏林，不僅是德國型民主政治生活的心臟地帶，而且也是德意志民族精神、德國地區主義與聯邦主義、文化及藝術美學等力量匯集的中心點。[47]至於歐洲國家及國際社會的看法，可想而知，帶有程度上或高或低的疑慮，甚至恐懼。此種負面的看待方式自然有其產生的原因。若祇從戰前同樣是以柏林為國都、國家統一、領土完整又享有完全主權的「國家社會主義德國」之所作所為，來看柏林共和的未來，則難免會讓不甚瞭解戰後聯邦共和國人民與國家本質及其現代化政治文化發展的其他歐洲人及國際人士，產生不安全感，甚至威脅感。

迄今為期8年的柏林共和治理成果及其政治文化實際表現足以證明，對新世紀德國國勢的疑慮和恐懼是多餘而不必要的。相對於疑雲難消的多慮，啟動幾近10年的柏林共和為聯邦共和國的長治久安，循序漸進地展開鋪路工程。柏林共和前景美好與否？身歷其境的德國全民及關注德國新局的歐洲人及國際人士，可佇足拭目以待。

---

46 基於上註中的見解，波昂共和被列為德國「第2共和」。
47 參閱L. Watzal, 前引文, 頁2。

（三）並非一個全新共和國的柏林共和

　　1998年11月新任聯邦總理施略德（Gerhard Schröder）對聯邦議會提出施政報告，報告文中論及新政府所在地柏林在他心目中的特殊政治意義。施氏指出，新政府從柏林來治理國家之時，適逢聯邦共和國歡慶50週年的生日。依照他對聯邦議會大會堂頂部透明玻璃式採光罩的描述，『採光罩的透明性象徵著柏林共和國家政治的透明化，以及代表著公民開誠布公、普遍樂於在民主政治文化現代化發展方面更上一層樓的民意溝通交流、互解相容、進而凝聚對共和國精神的以體化認同感。』[48]

　　依宋海莫的見解，聯邦共和國藉由遷都柏林之盛舉，並沒有造就出一個全新或不同於波昂共和民主的另類共和國。如同參與型政治文化發展的一貫性一樣，這個「從柏林來治理的聯邦共和國」（die von Berlin aus zu regierende Bundesrepublik），本質上扮演著現代德國國家發展一脈相承、基本法之國憲政民主承先啟後的關鍵角色。[49]換言之，柏林共和繼承其前身波昂共和的治理，同時為聯邦共和國開啟21世紀國家發展的新里程。事實明確顯示，除了將國都連同聯邦憲政機關從暫時性的波昂遷移到永久性的柏林以外，包括居於國家根本大法位階的基本法、其憲政民主政治秩序、聯邦制的國家組織形態、聯邦共和國的政治體系、政黨體系與政黨政治、現代化公民社會、社會市場經濟及資本主義勞資協商模式在內的國家

---

48 引自Heinz Thörmer: Regieren von Berlin aus, in: Werner Süß／Ralf Rytlewski（ed.）1999 Berlin die Hauptstadt Vergangenheit und Zukunft einer europäischen Metropole, Nicolaische Verlags- buchhandlung Beuermann GmbH, Bonn, 頁660。

49 參閱Kurt Sontheimer 2001 Berlin schafft keine neue Republik − und sie bewegt sich doch, in: Aus Politik und Zeitgeschichte, B1-2／2001 Beilage zur Wochenzeitung Das Parlament, 12. Januar 2001, Die Bundeszentrale für politische Bildung（ed.）, Berlin, 頁4。

所有構成要素，皆沒有發生根本上的調整及變動。據此可論定，本質上，柏林並沒有造就出一個全新的共和國，而柏林共和更不是一個另類的共和國。宋海莫的見解理所當然站得住腳。

　　雖然柏林並未造就出一個新共和國，但是柏林共和畢竟自有別於波昂共和之處。由民主政治格局和自由國國度氣勢觀之，一個從柏林來治理的永續性聯邦共和國，無疑比從波昂來暫時性治理的聯邦共和國，彰顯出其更開闊的政治胸懷、海涵的包容性以及全球寰宇和高瞻遠矚性的視野。正如德籍學者徐斯（Werner Süß）和呂雷夫斯基（Ralf Rytlewski）在彼等所編《國都柏林》（*Berlin. Die Hauptstadt*）一書書名副標題中的意涵所指出者[50]，柏林不僅是德意志聯邦共和國的首都，而且也是歐洲大都會的樞紐；柏林保有其光輝與慘澹的過去，更將展現其光明及璀璨的未來。德國人民政治定向，在接受這個擁有宏大政治格局和磅礴國度氣勢的新世紀共和國特質之薰陶下，自然被導引入質、量持續向上提升的大國公民積極參與民主政治之盛況中。如此一來，得利於柏林共和宏偉氣勢的洗禮，一脈相承的參與型政治文化不斷深化下，使得德國公民的民主政治定向益加堅定。基於被普遍人士看好的國家政治前景，柏林共和的啟動促使參與型政治文化進入鞏固階段。

（四）柏林共和對德國國族的育成

　　如前所述，歷史上德國人對民族與國家因政治顛沛、國家發展無法一脈相承而難以產生認同感。德國人的自我認同上，主要對象是德意志民族，而不是德意志國家。換言之，就認同而言，民族與

---

50 參閱W. Süß／R. Rytlewski（ed.），前引書封面書名及副標題。

國家不宜一概而論，兩者間實有區隔。

　　西德治理初期，民調詢問民眾兩個問題之一：本世紀何時是德國光輝時期？結果顯示，有高達4成5的受訪者認為，威廉一世／俾斯麥的德意志帝國為德國光輝時期。何以如此，探其原因，在長期德國民族無法藉由本身力量，將民族與國家融合成一體以締造一個既統一、又強盛的國家後，1871年德意志帝國以民族國家態勢成功地建立，而其國勢之強盛，讓德國擠身於強權之列。如此一來，讓德國人民達成了歷史上夢寐以求的夙願。因此，幾近半數西德受訪者，對這個德國史上的第1個民族國家，感到高度的自豪。雖然威瑪共和繼帝國之後，依然是個民族國家，然而困於積弱不振及內憂外患。因此，威瑪共和無法在德國史上寫下光輝的一頁。戰後德國分裂局面下的德意志聯邦共和國，可視為一個主權與領土並不完整的「後德意志民族國家」（Post-Deutscher Nationalstaat）。直到東、西德完成統一，自此起，聯邦共和國始成為完整的後德意志民族國家。

　　儘管後德意志民族國家，因東、西區社會與經濟在過渡時期不均衡的發展及德東人民由此內生「次等國民」的偏差觀念，而遭遇到兩區德國人民在民族一體意識上共同孕育及成長的困難。然而，無可否認的事實是，兩地人民皆出自一個相同的來源，即為：德意志民族；在二戰結束前，經歷過相同的歷史，並為相同的國家民族政治命運所支配。這項無可抹滅的事實足以使得兩區德國同胞手足保有血濃於水，彼此共屬一體，共同承受民族光輝與慘澹史的無比情操。此種由歷史及文化因素所凝聚而成的珍貴民族情操，無形中演成柏林共和育成「德意志國族」（Deutsche Staatsnation）的精神基礎。

　　針對柏林共和特有的國族氣質，宋海莫指出：『對於統一完成後10年誕生的一脈相承之聯邦共和國而論，饒富重大意義的是，柏林共和彰顯其德意志國族的民族新氣魄；德國全民在認同多元、自由及民主基本秩序的同時，皆能深刻體認到共同成長為一個國族對國家政治前途的指標性意義。』[51]

　　除了民族情操以外，決定國族育成的因素便是宏大格局的柏林共和之基本法憲民主政治。此種在即將邁入柏林共和時代為東、西區絕大多數人民共同視為最佳政治秩序的能量，足以將政治格局和氣度有限的後德意志民族國家，扭轉成不以國家主權、利益及權力至上理念為政治核心價值的德意志國族。後德意志民族國家仍然以德國民族狹隘的本國國家權益之實現為國家發展的主要考量。相對於此，德意志國族係發自於一種斬新的自我理念，便是：從柏林來治理的泱泱聯邦共和國，在突破歷史上德國狹隘的政治格局下，名副其實地以心手相連、同舟共濟、榮辱與共及無分東西而融合為一體的德意志民族為政治核心價值。這個由柏林共和造就的德意志國族，真正能充分體現出共和國兩大國魂所在，即為：其一，符合自由主義真諦的自由價值之實踐；其二，包容四海、弘揚世界所有族群平等共存共榮並共進大同的政治胸懷。

（五）柏林共和「常態性」的新自我理念

　　「常態性」（Normalität）作為柏林共和的新自我理念，業已獲得德國政界、政論界及學術界大多數人士的肯定。「常態性」一

---

51 引自Kurt Sontheimer 1999 So war Deutschland nie Anmerkungen zur politischen Kultur der Bundesrepublik, Verlag C.H. Beck, München, 頁220。

詞具有狹義與廣義兩方面的意涵：狹義方面是指，歷經戰後德國分裂的非常態、再統一完成後的過渡期，21世紀的聯邦共和國以柏林共和之名與實，本質上展現出德國國家治理重新恢復正常狀態。廣義方面則意謂，邁入柏林共和新紀元以來，在以「歐洲聯盟」（European Union）為核心力量的歐洲統合大形勢下，深度統合的歐洲也展現出歐盟治理的正常狀態。儘管柏林共和國與其歐洲鄰國和盟國間仍然存在著難以完全消弭的政治歧見，然而此種差異性幸為歐洲國家共享的現代化之常態性所逐漸淹沒。在歐洲現代化的正常狀態中，柏林共和的德國全民終究佔有關鍵性的一席之地，基此扮演決定歐洲統合前途的角色。

　　肯定柏林共和以「常態性」作為新理念者，政界人士首推2005年秋出任政府領導人職位的聯邦總理梅克爾夫人（Angela Merkel）。梅氏認為，德國人民對於祖國在整個國史上的政治境遇，應該內生一種正常又自然的感受；此種感受會讓全體同胞以身為德國人為樂事。至於學術界人士，肯定常態性者，則屬宋海莫及布隆森（Frank Brunssen）等學者具有代表性。相對於持正面見解者，對於柏林共和的常態性表示疑慮的學者，如哈伯瑪斯與巴陵（Arnulf Baring）。依哈伯瑪斯之見，在德國盡力去造就一個彷彿真正的常態性，這項努力是無法讓他接受的。因為，此種行徑的先決條件在於，必須先將德國政治發展中的醜態徹底掩蓋起來。此點為他所不恥。巴陵則懷疑，應該用那一種的常態性來形容柏林共和的新自我理念？[52]

---

52 參閱Frank Brunssen: Das neue Selbstverständnis der Berliner Republik, in: Aus.Politik und Zeitgeschichte, B1-2／2001 Beilage zur Wochenzeitung Das Parlament, 12. Januar 2001, Die Bundeszentrale für politische Bildung（ed.），Berlin，頁12-13。

即使在相關議題上出現各方不盡一致的見解，但是無可爭議的事實呈現在眼前，便是：聯邦共和國以柏林共和之名與實，在基本法憲政民主秩序持續鞏固下，業已處於國家治理的正常狀態。據此以論，「常態性」作為柏林共和的新自我理念，基本觀點上應可站得住腳。

（六）柏林共和多元文化社會中關於「主流文化」的議論

柏林共和啟動以來，參與型政治文化持續發展中，生成一個在聯邦共和國史上空前的政治現象，即為關於德國文化是否應作為多元文化社會中所謂「主流文化」議題的討論。此一現象產生的背景是，保守右派政黨「基民／基社聯盟」的高層人士對異國文化透過移民進入德國、而淹沒德國文化，深感恐懼。恐懼感激起聯盟黨政要人採取對策，提出一項頗具爭議性的要求，便是：以長久以來深植於聯邦共和國社會、而受到民眾普遍認同的德國文化來作為多元文化社會中的「主流文化」（Leitkultur）。移居聯邦共和國的外來移民至少應該接受此種主流文化，並力求適應之。否則，聯邦政府內政部主管當局應該經由立法以緊縮移民政策，基此，嚴格限制異國人士遷入，定居德國。[53]

其實，保守黨要人提出普遍落實德國主流文化的要求，有其幕後的政治動機。主要動機發自於：以基督教文化來抗衡日益普及、

---

53 參閱Dieter Oberndörfer: Leitkultur und Berliner Republik Die Herausforderung der multikulturellen Gesellschaft Deutschlands ist das Grundgesetz, in: Aus Politik und Zeitgeschichte, B1-2／2001 Beilage zur Wochenzeitung Das Parlament, 12. Januar 2001, Die Bundeszentrale für politische Bildung（ed.）, Berlin, 頁27。

並漸增影響力於德國境內的伊斯蘭教文化。後者滲入聯邦共和國，時間點上可回溯到西德建國後政策性地酌量陸續引進信奉伊斯蘭教的土耳其國籍勞工之時。

自從對德國主流文化具有普遍適用性的要求被公開提出以後，政界與學術界便展開相關議題的熱烈討論。政界與學術界參與評議的重要政要及學者如：巴伐立亞邦政府領導人史托義伯（Edmund Stoiber）、學者狄彼（Bassam Tibi）及歐本德夫（Dieter Oberndörfer）等人。

議論中各方見解環繞在什麼才算是德國文化中具有德國特質的元素之核心問題。德國文化特質性元素的內容殊難界定，因為該文化實質上與他國多種文化錯綜交織，幾乎無法確定哪些元素係屬德國獨有者，而將之抽離出來，俾彰顯出「主流文化」的內容精髓。既然主流文化難以界定，則即使有權利要求外來移民接受之，當事人也不知何去何從。有鑑於此，加以傳播媒體大作文章的炒作，聯盟黨政要人索性就將聯邦共和國基本法的規範，認定為德國主流文化的本質及精髓所在。[54]依彼等之見，基本法的規範系統自有其獨到性和指標性，該法確立的憲政民主規範及基此育成的現代政治與社會文化，足以使德國特有的文化突出於他國異類多元文化的交雜中。

以基本法規範作為柏林共和多元政治與社會的主流文化，行徑上表現出21世紀德國政治要人的智慧和巧思。然而此種作為自然無法天衣無縫。歐本德夫指出其漏洞，即在於基本法如同所有憲政民主共和國的憲法，明文規定：人之尊嚴及人民的基本權利為國家憲

---

54 同前註。

政秩序與民主社會文化的基礎，不得受到任何力量的侵害。問題癥結見於，該法所保障的人之尊嚴及人民基本權利，範圍上不僅限於德國本國人民及公民，還包括居留在德國、持有不同文化和宗教信仰的所有異族人士。是故，若以基本法規範作為柏林共和的主流文化，則必然應包容與德國特有文化不同的他族文化，而確保多元異質文化在德國社會的共存共榮性。[55]如此一來，德國政界有心人士倡導的「主流文化」便與基本法的規定發生矛盾，會致使所謂的德國主流文化毫無立足之地。換言之，若以基本法作為德國的主流文化，則嚴重扭曲該法保障多元文化的精神，陷該法於刻意區隔主流文化與非主流文化的不義之境。基於上述見解，歐本德夫對於保守政治蓄意造就德國主流文化高居多元文化中主導地位的行徑，抱持相當大的疑慮。同時，歐氏認為，以基本法作為柏林共和的主流文化，將致使德國全民引以自豪的基本法秩序，必須面臨來自多元異質社會文化力量的嚴峻挑戰。

相形下，狄彼鑒於德國主流文化型塑上的疑慮，不主張德國本位主義的主流文化，而倡言所謂「歐洲主流文化」。按照狄氏的見解，宏觀的歐洲主流文化是一種崇尚民主政治、堅持政教分離而以對歐洲文明的認同為導向的德國人民與外來移民間之價值共識。[56]狄彼提倡，以歐洲主流文化來取代德國本位主義的主流文化。其主要宗旨在於：點燃歐洲國家人民與外來移民間關於多元政治與社會整合問題的討論。最終理想寄望於凝聚兩方間的價值共識。然而，

---

55 同前註。
56 參閱 Bassam Tibi: Leitkultur als Wertkonsens Bilanz einer missglückten deutschen Debatte, in: Aus Politik und Zeitgeschichte, B1-2／2001 Beilage zur Wochenzeitung Das Parlament, 12. Januar 2001, Die Bundeszentrale für politische Bildung（ed.），Berlin, 頁23。

對狄氏的觀點，歐本德夫不以為然。其根本理由是，歐洲歷史上的基督教文化與文明，雖然創造出可取的政治、社會、經濟及文化成就，然而無疑也曾相對地帶來禍國殃民的災難及浩劫。欲以對歐洲文明興衰的認同為導向，來建立起歐洲人與外來移民間的價值共識，進而融合成一股巨大的歐洲主流文化。此項努力，最終也難免遭到挫敗。[57]

　　柏林共和治理中的主流文化問題仍然處於討論及評議的階段，所以在呈現各方旨趣不同的見解之餘，迄今尚無定論或狄彼所稱的價值共識。儘管如是，這個對柏林共和整體文化發展而言具有重大價值的議題之討論，確實彰顯出其指標性和前瞻性的意義。各方見解的交換，是否在柏林共和治理的短期內有產出交集點，並不屬於文化事務的當務之急。更急迫的是，不僅參與討論的政、學界，而且包括現代德國公民社會在內的成熟公民，皆應該認真面對和思考這個重要問題；在未來邁向更加包容多元異質文化的柏林共和民主社會中，部分黨政要人所提出的德國主流文化之要求，基本上是否合理及必要？特別令人質疑的是，以基本法的規範系統及其適效性來作為德國主流文化的依歸，是否從根本上否定了該法憲政保障人之尊嚴及包容多元異質文化共存共榮的精神？此處突顯出，相關問題討論其指標性和前瞻性意義之所在。

（七）新愛國主義的方興未艾

　　邁入第21世紀，依然為極右政黨勢力（尤其是：國家民主黨）所騷擾的柏林共和的憲政民主政治，孕育出一種被視為「新世紀德

---

57 參閱D. Oberndörfer, 前引文，頁27。

國愛國主義」（以下簡稱：新愛國主義 Neuer Patriotismus）的政治
文化。此種政治文化本質上不僅相異於貫穿二戰前後的極端民族主
義，反而成為反制極端民族主義思想的新興力量。新愛國主義又可
視為新世紀柏林共和的「憲法愛國主義」，因為絕大多數德國人熱
愛他們的基本法祖國。相較下，認同基本法精神及秩序的憲法愛國
主義，對憲政民主發展具有建設性的正面意義；相對於此，反自由
民主基本秩序的極右主義思想，對憲政民主鞏固，造成不可等閒視
之的威脅。

　　如前所述，早期憲法愛國主義的概念由史坦貝格在1979年所
創。德國社會學「法蘭克福學派」大師哈伯瑪斯對於此種政治文化
的存在，表示肯定。哈氏認為，西德人民普遍表現出一種憲法愛國
主義的精神；絕大多數民眾基於深植於他們信念中對基本法原則及
西方社會自由民主根本價值的認同和遵奉感，而忠誠於聯邦共和國
的憲政民主與法治，並熱愛自己國家。[58] 以下進一步論述新愛國主
義的生成及其意涵。

1. 新愛國主義的生成

　　依德東政治菁英之見，德國統一主要並非因當時東德人民熱愛
一個自由民主的德國而與西德同胞共襄盛舉促成的，而是由於東德
經濟幾近崩潰的不得已因素所導致者。[59] 儘管如此，統一後的17年
中，絕大多數德國人卻因國家在聯邦共和國自由體制下重歸一體，

---

58 參閱Heinrich August Winkler, Die Berliner Republik in der Kontinuität der deutschen Geschichte,刊於：W. Süß／R. Rytlewski（ed.），前引書，頁243。
59 參閱Martin Böttger, Eine gesamtdeutsche Verfassung wäre patriotisch gewesen, 刊於：Das Parlament Patriotismus, 56.Jahrgang Nr.42, Berlin, 16.Oktober 2006, die Bundeszentrale für politische Bildung, 頁5。

而逐漸內生一種新的「吾等一體感」。此種新生的感受進而轉化為多數德國人對基本法之國的一致認同。德國人民對基本法秩序的集體認同即為新愛國主義生成的起源。據此可謂，柏林共和參與型政治文化持續發展中的新元素，便是一種新的憲法愛國主義；它體現出大多數德國人，無分東、西區，對基本法之國的熱愛及支持。

　　新愛國主義是循序漸進式孕育和成長的。此一事實反映於追蹤式民意調查的結果：1990統一年，受訪人中，對新愛國主義抱持同感者，僅計有22%；然而進展到2006年，依據阿冷斯巴赫民調所的調查結果，受訪人中，認為德國觀眾在是年世界杯足球賽中所造就的黑紅金3色國旗旗海飛揚景象體現出德國民族情操者，高達62%；視旗海為新愛國主義的象徵者，同樣也達49%。此外，表示對新世紀的柏林共和持有認同感者，竟高達受訪人的80%；同樣有高達74%的受訪人確信，即使未來歐洲實現一體化的統合，德國民族對國族的認同感仍將留存。[60]

　　如前所言，新愛國主義起源於德國統一後過渡時期結束時德國全民對柏林共和憲政秩序基本上的認同感。探尋此種愛國情操生成的主要原因，則可發現主因在於：基本法開宗明義賦予不可觸犯的「人之尊嚴」至高至尊的定位。[61]對具有普世價值的人之尊嚴之維護，優先於人權、自由權和基本權利的保障以及人民主權的實踐與國家憲政機關權力的行使；實為自由民主的憲政秩序之本源。從德國憲政民主最高價值，即為人之尊嚴的維護中，衍生出一種饒富包容性的宏觀型新政治文化。此種柏林共和國內生而具有代表性的新

---

60 參閱Gernot Facius, Deutschlands neues Wir-Gefühl, 刊於：同前註，頁1。
61 同前註。

政治文化，不僅主張對所有人種族群的尊重及包容，而且更要求人類社會多元異質文化間的共存共榮。基此，新政治文化堅決反對激進種族主義與民族主義人種及族群不平等的偏激思想，並嚴厲譴責極右份子仇視他國人士及異國文化的敵外心態。

2. 新愛國主義的意涵

首先，政治學者柯能堡（Volker Kronenberg）[62]在闡明新愛國主義與極端民族主義間本質上的區別時指出，歷史上由來已久的愛國主義是一種不以政治社群個人或少數人私利、而以所有國民福祉為指標的經啟蒙之政治思想及行為。新愛國主義還可以被理解為一種政治美德，其存在所發揮的效用形成了現代憲政國家得以建立及存續的先決條件。新愛國主義融合感性與理性於一體，不僅關注公民在憲政國中應該享有的人之尊嚴、人權和基本權利，而且也要求公民本身善盡對國家及社會的義務和責任。精簡而論，新愛國主義不是一種祇坐而言，而是能起而行的愛國行動；公民群體本著自由意志，團結起來，共同造就國家整體的福祉。[63]至於德籍政治學者葉塞（Eckhard Jesse），則在其所撰「德國歷經變遷」一文中，詮釋新愛國主義帶有兩個意涵：其一，新愛國主義意謂著新世紀德國人對祖國的熱愛，新愛國主義者以祖國為榮，不僅認同祖國歷史的輝煌期，而且更勇於面對祖國歷史的慘澹期。新愛國主義者分享祖國的榮耀，同時也分擔祖國的恥辱；其二，新愛國主義承認其他民

---

62 柯能堡現任德國波昂大學政治學研究所所長。
63 Volker Kronenberg, Das Verhältnis von Patriotismus und Nationalismus im Spiegel der deutschen Geschichte, 刊於：Das Parlament Patriotismus, 56.Jahrgang Nr.42, Berlin, 16.Oktober 2006, die Bundeszentrale für politische Bildung, 頁2。

族及國家完全享有與祖國同等的地位及權利，堅決反對表現民族優越感的偏激族國意識。是故，新愛國主義者不同於沙文主義者。[64]最後，憲法專家法比歐（Udo Di Fabio）[65]從新愛國主義對柏林共和憲政民主的重大意義，來詮釋新愛國主義。法氏甚至認為，若沒有新愛國主義，則柏林共和憲政民主的治理無法產生。依法比歐之見，新愛國主義便是新世紀聯邦共和國的憲法愛國主義。此種新政治文化不再以國家、民族及人民，而以憲政民主基本價值及自由、平等和成熟的公民之自我理念為維繫的中心。[66]

　　針對新愛國主義的持續耐力，儘管出現小視的看法。比如：德籍學者史婉（Gesine Schwan）持不以為然的態度，不認為新愛國主義將持久洋溢出德國人的愛國情操；此種國族感充其量祇不過讓同胞盡量宣洩其愛國性集會的歡欣鼓舞之情而已。「南德日報」評論家基斯特（kurt Kister）不對新愛國主義的興起歡呼，而僅視之為一種與其他人在想法上維持一致的需求。[67]然而此類不看好新愛國主義的態度只出自少數人士的個別觀點，未必具有普遍的代表性。

　　探實而論，有歷史淵源的新愛國主義育成於21世紀柏林共和國人民對基本法自由民主憲政價值及秩序的深度認同感。在新愛國主義精神的激勵下，大多數德國人發自內心地以實際的行動，來具體

64 Eckhard Jesse, Deutschland hat sich gewandelt Ausbalancierteres Verhalten zur eigenen Identität, 刊於：Das Parlament Patriotismus, 56.Jahrgang Nr.42, Berlin, 16.Oktober 2006, die Bundeszentrale für politische Bildung, 頁3。
65 法比歐現任德國聯邦憲法法院法官。
66 參閱Udo Di Fabio, Werte mit Leben füllen Demokratie kann ohne Patriotismus nicht auskommen, 刊於：Das Parlament Patriotismus, 56.Jahrgang Nr.42, Berlin, 16.Oktober 2006, die Bundeszentrale für politische Bildung, 頁3。
67 參閱Norbert Seitz 2007 Die Nachhaltigkeit eines neuen Patriotismus, in: Aus Politik und Zeitgeschichte, 1-2／2007 Beilage zur Wochenzeitung Das Parlament, 2. Januar 2007, Die Bundeszentrale für politische Bildung（ed.）, Berlin, 頁12。

表現出對基本法祖國的熱愛及護持。新愛國主義以新憲法愛國主義的精神和力量，為跨入21世紀的柏林共和造就出普遍德國人民所認同、並引以為榮的新政治文化。此種弘揚人本精神而能包容和尊重不同族群及其多樣文化的政治美德，必定有助於德國內部無論內存或外來所有社群及其文化的共存共榮。相對於此，同樣活動於柏林共和國內的極右主義及其政黨勢力，藉著種族主義和極端民族主義思想的工具，試圖將德國民族的地位和權利建立在打壓其他族群平等地位的基礎上，並以仇外行動來排斥民主社會常態發展所需的多元異質文化之共同成長。此處清楚呈現出認同柏林共和憲政民主的新愛國主義與對抗基本法秩序的極右主義兩股勢力的對峙。據此以論，可樂觀期待的是，新世紀的憲法愛國主義精神和力量，基於柏林共和國人民對基本法人本價值的深度認同，不僅不會曇花一現，而且將持續建設性地成長。此股新政治文化的氣勢，為持續成長的參與型政治文化，注入無比的新活力。

小結

　　面對柏林共和新紀元的來臨，絕大多數德國人民以既樂觀又期待的正面態度，來迎接這個闊別半個世紀後、又能從正統國都所在地「柏林」來治理的完整性後德意志民族國家。全民對基本法之國的永續珍視、認同和行動上的護持，無疑是生成此種饒富建設性的態度之主要原因。另方面，自柏林共和啟動以來，德國不僅在歐洲聯盟運作及歐洲統合持續擴大與深化中，繼續扮演中流砥柱的角

色，而且也持續透過積極參與「北大西洋公約組織」的防務與「聯合國」的維和行動，對確保歐洲地區及全球的安定及和平，作出一貫的重大貢獻。如此表現足以排除國際社會對柏林共和的疑慮。

　　從憲政民主及參與型政治文化發展的角度觀之，柏林共和不是一個異於波昂共和的嶄新德國；即使邁入21世紀，聯邦共和國的政治、經濟和社會秩序與民族文化本質沒有改變，始終如一，所不同者，僅在聯邦憲政機關遷至柏林、從柏林來宏觀治理版圖擴大的德國而已。儘管如是，柏林共和仍然展現出前所未有、而以整個民族在高度認同自由民主價值下共同力謀成長為國魂所在的新氣象，從而孕育成為一個突破過去後民族國家格局而有責任感及進取精神的德意志國族。

　　無論對新世紀德國的國情狀態抱持何種的看法，有目共睹的事實為，國家業已處於治理上的正常狀態。基此，天經地義的是，德國全民視柏林共和為保有正常秩序的祖國，進而普遍建立起所謂常態性的自我理念。既然如此，柏林共和自然應該揚棄惟以德國文化作為多元文化社會中的主流文化之偏狹思維，而如同大海容納眾川般地包容、尊重並維護多元文化間的異質性和各自的特殊性。在造就多元文化共存共榮的同時，與波昂共和時期憲法愛國主義一脈相承的新愛國主義，象徵著21世紀德國國族對祖國認同的持續與加深，為柏林共和的成長注入無可取代的新激素，更為當代德國政治文化鑄造出強化國族自信心與團結力的核心價值。

四、參與型政治文化中的社會面：新世紀公民社會中的公民自願參與

公民社會（Bürgergesellschaft）的活化，對民主國家的成長和鞏固而言，具有重大的意義。表現高度公民社會參與的多元開放性社會，為各國憲政民主的持續發展，提供了原動力。換言之，民主政治的健全與否，基本上取決於主動積極的公民社會之功能化。此種社會要求，現代民主法治國家的所有公民，以質、量並重的態勢，自願性積極參與社會公共事務、公益活動或投入社團工作。據此可謂，公民社會係以公民個人及群體對社會公共事務的自願參與為其特質；此種參與的質、量表現，成為評量現代多元社會品質良窳的主要指標。[68] 在德國，公民自願投入無給工作或活動的行為，被視為擔任社會榮譽職（soziales Ehrenamt），即以榮譽職任事。其歷史迄今長達兩個世紀，具有深厚的傳統。

全球化時代，公民社會的再活化在各國民主政治中扮演著更具深層意義的角色。積極主動的公民社會除了繼續發揮深化國內多元社會及民主政治發展的基礎以外，還可以為全球化下治理能量益趨受限的各級政府與議會，提供來自多元社會的豐富人力資源，俾作為助力，藉以分擔國家紛雜事務處理上的重責大任。功能上，健全的公民社會能對國家的民主治理，作出可觀的貢獻。

聯邦共和國逾半個世紀以來政治與社會在安定中發展。其主因之一，即可歸於：這個基於聯邦共和國基本法的現代德國，孕育

---

68 參閱Thomas Gensicke 2006 Bürgerschaftliches Engagement in Deutschland, in: Aus Politik und Zeitgeschichte Beilage zur Wochenzeitung Das Parlament, 12／2006, 20. März 2006, Die Bundeszentrale für politische Bildung, Bonn, 頁9。

出一個積極主動的公民社會；這股力量不僅形成多元社會發展的基礎，而且也成為繼續進展的原動力。在參與型公民社會文化逐漸定型下，德國公民社會益趨成熟，成為民主社會賴以鞏固的中堅力量。值得關注的是，邁入第21世紀，德國公民社會中的公民自願參與社會公共事務的現象益加活絡。2000年春，聯邦總理施略德（Gerhard Schröder）將公民社會的再興，列入聯邦政府社會政策綱領的要項中。2001年，聯邦議會成立特別委員會，藉以研議公民自願參與未來動向的議題。同時，聯合國將本年訂為「國際公民自願參與年」。相關現象經議題化後，被德國政治學與社會學界視為具有學術探討價值的新主題，故而爭相撰文討論之。

　　以下擬從3個子題來進行主題的探討：（一）公民社會面面觀；（二）德國公民社會中的公民自願參與；（三）公民自願參與在柏林共和：邊陲現象或核心價值？至於本節研討的重心所在，則置於第（二）、（三）子題範圍議題的探究。作者認為，對於新世紀「柏林共和」民主政治持續發展下德國公民自願參與新型態及實際表現的探討，應該具有比較政治領域中的高研究價值，因為這個議題不僅成為德國政治研究範圍中的新生課題，而且相關的新局面，業已成為決定德國民主政治發展新方向的重要因素之一。

（一）公民社會面面觀
1. 公民社會思想

　　從政治人類學角度看，公民社會的最早思想根源於：社會經濟及國家係以行為自主、而有共同生活需求的個人為中心之基本觀點。史實顯示，人類藉由其為求存續而共同組成的社會之各種活動，遠在所有國家建立、政府權力介入社會前，早已造就了多種有

特定秩序而功能各異的共同體,諸如:家庭、宗教團體、經濟及政治共同體等。[69] 是故,人類歷史發展中,作為理性動物的人個體之存在及活動先於社會的組成;社會各種共同體的生成又先於國家及其權力組織的建立。公民社會的本源既非出自於國家及政治,亦非社會及經濟,而是源自於自由自主的公民個人。

古典政治哲學傳統上視政治共同體為各種共同體(秩序)中層級最高、卻對其他秩序不具獨斷宰制地位的秩序;政治共同體猶如頂蓋,涵蓋所有其他秩序。基此觀點,政治共同體理應達成雙重任務:一方面,政治共同體積極上為各種秩序安排及確保其彼此間的正確關係,消極上則設法遏止某種秩序,例如:國家或經濟,對整個社會的危害;另一方面,就社會整體面臨的共同問題或困境,政治共同體發揮協調各方及統合社會所有力量、進而謀求解決問題的功能。本著為人群謀求共同福祉的基本理念,政治共同體的運作應以造就一個秩序井然的良好社會為導向。[70] 古典政治哲學中所要求的此種良好社會開啟了日後現代憲政民主國家中公民社會的先河。依此可言,公民社會的思想充滿政治理想付諸實現的規範及價值性元素,其本質具有人類歷史進程中跨時代性的重大意義。晚近,憲政民主國家興起。公民社會思想植基於自由開放的多元社會以行為自主、主動參與公共事務、並負責的公民個人及群體為中堅的理想。這種由積極參與政治及社會事務的公民構成的行動化社會,即為理想中的現代公民社會。

---

69 參閱Warnfried Dettling 1998 Bürgergesellschaft Möglichkeiten, Voraussetzungen und Grenzen, in: Aus Politik und Zeitgeschichte Beilage zur Wochenzeitung Das Parlament, B38/98, 11. September 1998, Die Bundeszentrale für politische Bildung, Bonn, 頁23。

70 同前註。

論及公民社會思想的元素。德國政論家德特凌（Warnfried Dettling）以為，公民社會思想由3種基本思維構成，即為：社會中的個人主義、秩序多元論、政治為社會實現本身理想的工具。社會中的個人主義主張，秩序與政策良劣的評斷應以其運行對個人、而非對特定種族、階級、性別或團體帶來的效益為準據。秩序多元論的觀念認為，人類社會呈現出多種秩序（社會、經濟、政治、法律秩序）的共存共榮。秩序與秩序間的關係須是平行及互需的；各種秩序植基於自屬的邏輯，其存在的根本意義不得淪為他種秩序的犧牲品。至於政治為社會自我實現的工具觀，則視政治為社會賴以完成其本身理想的必要工具。社會應追求兩大理想的實現：其一，社會道德規範的落實；其二，社會公平正義的實現。社會單憑自身之力，難以成就之。於此，政治便應發揮其權威性價值分配的基本功能，協助社會，完成此兩大理想。據此可謂，政治為了社會實現其本身理想而服務；社會仰賴政治的功能而達成自身目標。換言之，政治與社會間存在著工具與目標的密切關係。

2. 公民社會概念
（1）政治哲人的觀點

　　一個健全的公民社會足以強化民主政治。這個見解指出了公民社會的主要功能。見解的確立並非始於晚近，而是早在西洋史上的近代初期。自近代以降，政治哲學家，諸如：洛克（John Locke）、孟德斯鳩（Charles Montesquieu）、黑格爾（Georg Wilhelm Friedrich Hegel）托克維爾（Alexis de Tocqueville）、達仁朵夫（Ralf Dahrendorf）、哈伯瑪斯（Jürgen Habermas），對公民社會皆有相關重要的論述。其中的基本觀點，反映出在此見解上不謀而

合的一致性。於此同時，政治哲人個別觀點的獨特性自然是不可忽視的。以下分別檢視大師的個人觀點：

(1.1.) 洛克（1632-1704）

洛克首倡自由的公民社會之傳統思想。他主張，社會面對國家的統治，始終保有其獨立自主性。因為社會為一個不受國家意志主導的獨立自主之發展範疇，所以它享有免於國家政治干預及宰制的自由。[71] 此種自由可謂為消極自由。人群藉由其與生俱來的自然權利，組織一個擁有立法權與司法審判權的生活共同體。洛克稱此共同體為「公民之社會」（civil society）。至於沒有組成該社會的羣體，則仍舊處於所謂「自然狀態」中。[72] 理所當然的是，公民之社會能讓個人本著自由意志、自主地從事其社會活動。公民之社會先於國家組織而生成，在理當受到國家保護的同時，絕不屈居於國家意志主導之下。據此而論，公民之社會應該達成3項基本任務，即為：個人自由及自主的保障、個人自然權利的拓展、個人財產的確保。[73] 無疑，這些等同於功能的任務符合民主政治的基本要求。

精要而言，洛克觀點下的公民之社會，係為了個人而造就一個保障其自由及基本權利、而免於國家侵犯的精神堡壘。基此，此種先於政治而存在的社會扮演確保消極性自由的角色。它與國家間，呈現對立關係，並無融合成一體的可能性。

---

71 Wolfgang Merkel／Hans-Joachim Lauth 1998, Systemwechsel und Zivilgesellschaft: Welche Zivilgesellschaft braucht die Demokratie? in: Aus Politik und Zeitgeschichte Beilage zur Wochenzeitung Das Parlament, B6-7／98, 30. Januar 1998, Die Bundeszentrale für politische Bildung, Bonn, 頁4。

72 John Locke 1974, Über die Regierung（The Second Treatise of Government）, Philipp Reclam jun., Stuttgart, 頁65-66。

73 W. Merkel／H.-J. Lauth, 前引文，頁4。

（1.2.）孟德斯鳩（1689-1755）

　　相對於洛克的觀點，孟德斯鳩確認一種介於公民之社會與國家間的平衡及和諧關係。孟氏視公民之社會為一種居於社會與國家間、而發揮調和功能的社團組織。他進而以分權與權力交疊模式來討論國家政權與公民社會兩者的可平衡性。透過法治及社會監督權的制衡，以制約君主國統治者強勢的權力。孟德斯鳩相關的重要思想之一即為：若法律沒有藉由法定而獨立自主的公民之社會來護持並活用之，則法律喪失其以法為治的力量。於此，公民之社會體現出兩棲的特性；它活生生地運作於國家政治組織結構之內、外。此種特性能使社會與國家兩大範疇結合成一體。另方面，為了確保個人自由，除了必須以法律來拘束國家中央權力以外，還須藉由眾多社團活躍的運作來監督及制衡國家政權。[74]

　　簡要而論，孟德斯鳩心目中的公民之社會不與國家對立，而透過法律的活用及社團實質的監督，建立了與國家政權的正面關係，並對統治高層發揮制衡功效。

（1.3.）黑格爾（1770-1831）

　　德國學術界討論「公民社會」，常溯及黑格爾著作《法哲學大綱》（Grundlinien zur Philosophie des Rechts）中論述的「公民之社會」（Bürgerliche Gesellschaft）。於此，公民之社會被解釋為一個介於家庭與國家之間的廣大活動領域，主要包括：生活需求範疇（經濟與勞動）、以法律及法院為工具的司法轄域、警界、社團及協會。顯而易見的，黑格爾所稱的公民之社會，在範圍所及上，與

---

74 同前註，頁4-5。

當今學者對公民社會範圍的認定，相去甚大。今日觀點下的公民社會，係將經濟及歸屬國家治理範圍的司法、警界、社團及協會在外。[75]此外，當今德國學者探討相關問題在概念用詞上，多半不採用「公民之社會」，而採用「公民社會」專業術語，藉此與黑格爾理解的寬廣範圍相區隔。

（1.4.）托克維爾（1805-1859）

托克維爾基本上採用孟德司鳩的見解，認定公民社會與國家政權間的結合關係，其中特別強調，公民社會中自由組成的社團（association）為一個憲政國自由民主的最佳保障。本此中心觀點，托氏視社團及協會等相關民間組織為孕育民主政治思想及行為的學校。因為公民透過參與自由社團的活動，不僅從而建立了民主素養，而且也習得了民主政治中應有的行為模式。他認為，為了讓社團能真正成為培育出公民民主自治精神的基地，此種組織的規模不宜過大，但數量必須眾多，並應分布於政治體系中央與地方所有層級。唯有如此，社團始能促進全國自由民主的發展。此外，公民的德行，諸如：包容尊重、誠信篤實、勇於任事、負責盡職等，屬於公民社會不可或缺的資本，亦亟需藉由公民個人在社團中的自我學習和成長，來厚植之。

在推崇自由社團對美國憲政民主發展的貢獻之餘，托克維爾確

---

75 Otfried Höffe 2004 Wirtschaftsbürger Staatsbürger Weltbürger－ Politische Ethik im Zeitalter der Globalisierung, Verlag C.H. Beck, München, 頁91。

認，公民社會整體對促進自由民主足以產生重要的功能。[76]公民社會以一股潛力無窮的能量，在符合民主政治規範下運行。它消極上能防範社會多數施暴的意圖於未然，積極上則從確保公民參與社團活動的自由、跨越到造就民主政治所亟需的公民群體有效自治之精神。

（1.5.）達仁朵夫（1929-2009）

　　達仁朵夫承襲自由的公民社會之傳統思想。依他之見，公民社會是一個能為公民個體營造生機、而無須國家角色介入的自由世界。這個世界具有主動積極的特性，能激勵個人自願地與社會其他成員結合，而有所作為。如此的行徑進一步促成一個由多種自主性的社團及協會等民間組織所建構之繽紛世界。至此，公民社會便水到渠成。對達仁朵夫而言，公民社會之所以饒富重大意義，因為它代表著排除國家角色介入下民主社會自由自主運行的真諦，確實能賦予公民無窮的政治生機。

（1.6.）哈伯瑪斯（1929-　）

　　依社會學批判理論大師哈伯瑪斯的觀點，先於政治組織機構而生成的公民社會，透過其對多元利益的居間溝通及調和，無形中拓廣了社會利益表達、尤其是不同利益凝聚的範圍。重要的是，社會上非主流、邊緣化或難以組織化的各種利益，能從公民社會中

---

76 托克維爾在其代表性著作「論美國之民主政治」（Über die Demokratie in Amerika）中，盛讚包括政黨在內的政治及社會團體對美國民主政治發展的貢獻，而美國民眾受惠於社團施予之政治社會化比其他國家人民皆多。參閱Alexis de Tocqueville 1976 Über die Demokratie in Amerika, Deutscher Taschenbuch Verlag, München, 頁216-224。

取得公開性的發展機會。哈氏循規範批判社會學研究途徑，認為，這些利益的代表者，透過由其自主決定的對公民社會之參與，應該在與政治體系當權派及既得利益者相對下，能充分表達本身的利益，進而影響政治運作。社團、政黨或國會中任何真正以民主方式凝聚而成的共識，皆需仰賴於非正式的社會輿論之流入；而公眾輿論祇會在一個沒有為權力所操弄的政治公共領域的外部形成之。[77]史實可證，早在18世紀，公共領域便發揮了政治功能。至於功能的類別，則唯從公民社會整體發展歷程中的特定階段之局面，始得理解。值此階段，貨物交易與社會勞動大幅擺脫國家政策的指導。[78]

哈伯瑪斯視公民社會為一個有其先決條件及自主性的私領域；其中，私權利與自由化市場是不可或缺的兩大要件。公民社會得與一種符合其本身需求的國家權力相互調和。發揮政治功能的公共領域則從公民社會自身與國權的調和中，取得了等同於一個「機關」的位階。[79]換言之，由於私權利與公權力兩者得以相調，公共領域的機關地位始能確立。

哈伯瑪斯心目中的公民社會自然不包括國家機關及政黨，也不括及民主體系中的經濟利益團體。公民社會的核心係由自願成立的社團、協會等組織以及自由意志發起的社會運動所構成。此股組織化的力量主動發掘私領域中的社會問題所在，並公開議論之，進而將問題嚴正地導入政治公共領域。然而另方面，哈氏也坦承公民社會本身難以克服的弱點。他指出，雖然公民社會能以高敏感度來

77 W. Merkel／H.-J. Lauth, 前引文，頁5-6。
78 Jürgen Habermas 1980 Strukturwandel der Öffentlichkeit－ Untersuchungen zu einer Kategorie der bürgerlichen Gesellschaft, Hermann Luchterhand Verlag, Darmstadt und Neuwied, 頁95。
79 同前註，頁94-95。

主動發掘社會問題，但是在問題處理上，通常卻欠缺足夠的行動能力。[80]

　　雖然上述古今政治哲人對公民社會確保個人自由（消極自由或積極自由）及社會與國家關係特性（對立性或調和性）持有不盡相同的觀點，然而基本上皆認定，居間調和私領域與國家組織範圍的自主性公民社會，有助益於民主政治的安定及強化。是故，對於公民社會運作與民主政治發展間正面關係的肯定，早已成為政治哲學思想家傳統不移的共識。

（2）概念意涵

　　德國學者薩克瑟（Christoph Sachße）認為，「公民社會」概念蘊涵著一個以理性公民為主體的社會，對國家政治、社會與經濟現狀的評斷及從而獲得的體認。評斷猶如一面明鏡，照清國家憲政實際表現是否符合憲法規範的要求。從體認中，可進一步衍生出兩大來自公民社會的訴求：其一，政治的去政府獨攬化，意指：去除國家憲政由政府一手獨斷操弄、而無公民自主參政的現象；其二，公民在正式制度化參與管道外，還享有許多自願參與公共事務、進而全新改造政治共同體的非正式管道。依薩氏之見，公民社會概念還影射出一種期待；期待透過公民主動的參與及共同的決定，為憲政民主國家覓得一條足以調和社會、政治與經濟3方面發展的新道路。[81]由此看來，薩克瑟的概念同樣含有規範批判的色彩。

---

80 W. Merkel／H.-J. Lauth, 前引文，頁6。
81 Christoph Sachße 2002 Traditionslinien bürgerschaftlichen Engagements in Deutschland, in: Aus Politik und Zeitgeschichte Beilage zur Wochenzeitung Das Parlament, B9／2002, 1. März 2002, Die Bundeszentrale für politische Bildung, Bonn, 頁3。

　　另位德國學者何菲（Otfried Höffe）則從定位及功能來說明「公民社會」概念。何氏具體指出，公民社會為介於家庭活動私領域與國家機關運作公領域（國會、公共行政、法院、政黨）之間的中介場域，同時也是兩方的結合器。此場域中，公民並非為謀私利，而是為了實現公共利益而獻身各類社會活動。公民參與實質的社會公益活動，在此同時，不擔任任何公職（如：民意代表）或政府機關的官職（如：行政首長）。[82]此種投入行為發自於公民本身對民主社會健全與否的關懷及使命感，自然不求任何名利和報酬。公民社會的運作方式表現在數量眾多的公民團體、大眾傳播媒體和學人協會的活動中。它不等於國家，而是一個負起公共責任的社會有機體。透過此一實體，現代公民得以同時扮演民主政治理想中治理者與被治者的雙重角色。[83]

　　至於有條理地歸納出公民社會的功能、並賦予公民社會概念一個具體而反映現實的定義者，則首推政治學者梅克爾（Wolfgang Merkel）與勞特（Hans-Joachim Lauth）。兩人綜合前述政治哲人的觀點，從公民社會饒富民主化能量的視角出發，將公民社會的功能有條理地歸納成6項，進而為此概念下了一個據實又具體明確的定義。就6大功能簡要而論，首要的是，公民社會確保個人私領域及社會不受國家的干涉和侵犯。其次，公民社會考察及監督國家權力的行使，以保障公民的自由和基本權利。至於能迫使國家負起責任至何種程度，則端視公民社會本身的強度而定。再者，公民社會為公民造就民主參政所需的政治社會化條件，並為國家治理選拔適任

---

82 O. Höffe, 前引書，頁91。
83 同前註，頁92。

的政治菁英。繼之,面對政黨與國會,公民社會為包括主流與非主流在內的社會價值和利益,開啟表達、進而聚合的有效管道。此外,公民社會為拉丁美洲、非洲、亞洲、東南歐及中東某些國家落後於中央民主政治發展的地方政治,提供政治民主化的助力。[84]最後,公民社會中眾多社團、協會及運動所構成的網絡,致使組織成員在社團屬性上的重疊現象產生。此種現象可發揮調和多元不同利益的正面作用,從而緩和了可能的社會衝突。[85]

　　梅克爾與勞特試圖以上述應然和實然兼具的功能為基礎,賦予公民社會概念一個符合理想與事實的定義。兩人期待,被界定的概念意涵不僅能對先進民主政治,而且也能對新興民主政治具有解釋上的普遍適用性。公民社會概念的定義如下:

　　公民對自我存在價值的肯定、公民間的基本共識、公民對公共事務的關懷以及公民傾向理性溝通的行為模式,可視為由公民個人而演成公民社會的基本要件。公民社會定位於先國家或非國家的活動領域,而由眾多基於自願組成的社團及協會所構成;此類公民團體自主地建構其理想、並組織及表達其特定的利益。位居私領域與國家之間的公民社會,以致力於公共目標的實現為職志,因此其成員參與了社團公共事務,或投入了社會工作,同時卻不追求任何有給的公職或官職。既然如此,則僅僅追求私目標的團體(如:家庭、企業體)與政黨、各級議會及行政機關皆不屬於公民社會的成份。公民社會成員的背景不具單一同質性,而在呈現多元異質性的

---

84 相關詳情可參閱W. Merkel╱H.-J. Lauth Zivilgesellschaft und Transformation, in: W. Merkel╱H.-J. Lauth (ed.) 1997 Zivilgesellschaft im Transformationsprozeß? Länderstudien zu Mittelost- und Südeuropa, Asien, Afrika, Lateinamerika und Nahost, Mainz, 頁22。

85 W. Merkel╱H.-J. Lauth, 前引文,頁6-7。

同時，彼此間卻持有共同的理想及基本共識。建立一個不使用暴力、成員彼此尊重和包容、並實現公平正義的社會，是理想與共識的核心。雖然基本共識維繫著公民社會，但是社會內部為求進步而形成的良性競爭仍然存在。另方面，當社會遭受國家政治威脅、而需要自我防衛時，基本共識的力量能激發社會成員產生策略性的集體防衛行動。[86]

小結

　　公民社會思想立基於每個人係自由自主的行為主體之觀點。古典政治哲學要求涵蓋人類所有秩序的政治共同體，造就一個秩序井然的良好社會，為自由民主國家的現代公民社會開鑿了先河。晚近，公民社會思想秉持的理想則為，建設一個以主動參與公共事務或自願投入社團工作、而負責任的公民為中堅的多元利益調和之社會。循此以推，社會中的個人主義、秩序多元論、政治為社會目標實現而服務的理念三者，融合成公民社會思想。

　　近代迄今，政治哲人偏向從公民社會的主要功能，來解釋公民社會概念的意涵。自洛克以致於哈伯瑪斯，儘管個人獨到的見解不盡相同，卻不謀而合地認為，健全的公民社會有助於強化民主政治。綜合前列學者對公民社會概念的理解，可獲得以下結果：

　　具有先國家及非國家性質的公民社會定位於私領域與國家組織範圍之間，是一個能結合及調和公民、社會、經濟與國家4方面的活動領域。這個領域活動的蓬勃推展可健全多元社會及民主政治。公民以自由自主方式組成的社團及協會等組織構成公民社會的

核心。儘管公民社會成員的個別背景條件互異，但是建設一個公平正義的理想型社會實為彼等的基本共識。基此，成員透過主動加入各類社團，積極參與公共事務，或自願投入社會公益活動等實際行動，並勇於為行為負責，以期達社會公共福祉。於此同時，行動者不求任何有給的職位或名利。在社會為國家政權所威脅、而需要自我防衛下，基本共識亦能鼓舞成員採取策略性的集體自保行動。公民社會因其有理想的成員對國家種種現狀及弊端的理性評斷，而表現出規範及批判的特質。由於公民踴躍加入社團及協會等組織，主動參與公共事務，並為此負責，憲政民主國中正式制度化政治權力（國會、政府及政黨）的運作，獲得了社會力量監督和制衡的機會。同樣地，因為公民紛紛自願擔任無給的社會榮譽職，現代社會國持續改革上的沉重負荷得以減輕。意義至為重大的則為，公民社會能讓憲政民主的崇高理想：公民同時身居國家的治理者與被治者，有真正實現的契機。

（二）德國公民社會中的公民自願參與

自從托克維爾著述《論美國之民主政治》一書，推崇美國有深厚傳統、且至為發達的社團制度為美國民主政治的基礎之一以來，美國便被譽為公民自願參與社會公共事務上的典範國家。環顧歐洲各國公民社會相關方面的實際表現，在公民自願參與上，德國屬於有悠久傳統及獨樹一格發展的國家。德國的發展脈絡可溯源到19世紀初期，當地方自治與公民的社團文化初興之時。[87]

---

87 Ch. Sachße, 前引文，頁3。

進至兩世紀以後的當今，根據「德國聯邦政府家庭、婦女暨青年部」委託民意調查機構完成的一項調查結果，2001年德國公民社會中主動擔任社會榮譽職的公民總數高達2160萬人，佔全國14歲以上居民人口的34%。換言之，平均每3人中，便有1人自願無給地參與公共事務，或投入社會工作或公益活動。這些公民社會的中堅獻身於各類社團或協會服務人群的義務性工作，或參與各類社會福利方案的發起及推動，或從事自助性及互助性的社會活動。[88] 由此事實可肯定，21世紀德國多數公民基於對社會參與意義的體認，能身體力行、主動為人群福祉而服務，並為此負責，不求名利和回報。

下文分別探討公民自願參與的概念意涵、實質意義、在德國的發展脈絡以及實際表現：

1. 概念意涵初探

「公民自願參與」（bürgerschaftliches freiwilliges Engagement）一詞亦可稱為「公民自願從事」。對於這個被現代德國社會視為天經地義的公民社會之現象，德國學者在調查研究時，從概念上予以定義者，並不多見。此種情況與學者偏重對公民社會概念的討論，確實大異其趣。其原因或許在於公民自願參與現象的普及性；社會大眾多數人耳熟能詳，是故從學理上賦予公民自願參與概念一個意涵，並無迫切性。至於德國各邦地方政府方面，為了鼓舞及協助地方公民投入社會榮譽職務，則首重對民眾免費提供關於公民自願參與方面的指引性資訊。舉實例之一如，巴伐利亞邦（Bayern）首都

---

88 資料來源：Ehrenamtliches Engagement, in: Aus Politik und Zeitgeschichte Beilage zur Wochenzeitung Das Parlament, B9／2002, 1. März 2002, Die Bundeszentrale für politische Bildung, Bonn, 頁30。

慕尼黑市政府。2005年慕尼黑市政府新修發行的「慕尼黑市公民自
願參與手冊」引言部分開宗明義地指出「公民自願參與」簡明的意
涵如下：

　　『公民自願參與概念意謂，身為公民社會中堅的公民，就他所
關懷或專精的公共事務，自願、主動地投入，採取實際作為。公民
個人在為社會群倫發揮其專長和能力的開始，可以完全自主決定，
從事一項或多項符合其志趣的社團活動或社會建設工程，或參與一
件或多件他認為有意義的社會服務性工作。比如：照顧難民子女，
協助單親家庭；參與都市計畫的設計，從事文化建設；投入公共醫
療及衛生服務，獻身社會福利團體工作、服務於紅十字會等。參與
的機會良多，選擇的空間頗大，從事的範圍甚廣。

　　「公民自願參與」的行為表現代表著公民熱中於公務上至高的
榮譽。在此榮譽感的激發下，公民自願為群倫奉獻心力，不求任何
物質酬勞，其個人身心卻因而受益良多。「公民自願參與」並無年
齡、性別、職業、身分地位及國籍上的限制。竭誠歡迎社會全民，
加入這個行列，參與此項盛舉。透過公民對社會群倫一點一滴心力
的付出，為多元社會及民主國家的健全發展，作出了建設性的貢
獻。』[89]

2.「公民自願參與」的意義

　　對於多元開放的社會及憲政民主的國家發展而言，體現公民社
會特質的「公民自願參與」具有何等意義呢？對此，德籍社會科學

---

[89] 節錄自Landeshauptstadt München Direktorium（ed.）2005 Bürgerschaftliches Engagement Freiwilligenarbeit Ehrenamt Initiativen Selbsthilfe, München, 頁8-9。

家克拉格斯（Helmut Klages）提出4點見解如下：

（1）從當今展望未來，國家與社會關係發展的趨勢顯示，並非國家所屬的任務在與日俱增中，而是因國家任務回歸社會來達成，而造成社會將承擔比過去更多且益加繁重的任務和責任。至於國家的職責所在，則主要限於對於社會善盡保障其功能得以發揮的責任。「公民自願參與」既然是公民本著榮譽及責任感、主動不求回報地投入社團工作或從事社會服務的行為，則其成效必能直接減輕社會在達成本身任務上的壓力，並分擔社會在履行本身職務上的負荷；另一方面，由於公民社會承擔了執行任務上所需的財力，所以「公民自願參與」間接有助於國家公共預算中支出部分的縮減，進而可避免可能的財政危機。[90]

德國在國家任務回歸社會公民團體來達成方面，透過實踐，迄今業已獲得可觀的成效和經驗。許多過去歸屬政府（聯邦政府與各邦政府）公部門主管的事務，基於政府與民間社團訂定的回歸民營合約，已經移交到相關社團或協會等組織之手接辦。例如：愈來愈多的公立游泳池由公部門管理轉變為由民間社團經營，而獲得公民群以榮譽職方式參與池務的管理。如此一來，不僅因營運成本降低而致使入場收費減少，而且也提升了服務的品質及管理的成效。此外，實例還見於公有綠地的管理、交通安全的維護及消防任務的執行等方面，此處不逐一枚舉。[91]

（2）「公民自願參與」的實踐及經驗，讓身為社會國的現代

---

90 參閱Helmut Klages 1998 Engagement und Engagementpotential in Deutschland Erkenntnisse der empirischen Forschung, in: Aus Politik und Zeitgeschichte Beilage zur Wochenzeitung Das Parlament, B38／1998, 11. September 1998, Die Bundeszentrale für politische Bildung, Bonn, 頁29。
91 同前註。

民主國家在社會福利建設及發展方面的績效欠缺之處，得以暴露無餘。針對不足而亟待充實的事項或亟需解決的問題，國家公部門與公民社會自將相互支援，通力合作，共同謀求社會國現狀的改善。例如：在德國，公民自願從事社會工作所獲得的實際經驗顯示，慢性病患者心理上復健工作的落實，除了有待公部門主管單位與榮譽職工協力推動以外，還需要患者當事人的自助表現。簡言之，「公民自願參與」能致使社會國無法因應社會福利廣闊範圍內特定事項的困境突顯出來。對國家與社會而言，此類困境彰顯出兩方有待合力排除的方向。[92]

（3）現代民主國家無法避免出現執政者因施政而引發民眾不滿，甚至民怨四起的現象。由此形成政府與人民的緊張關係，進而產生人民不順從政令的治理上危機。「公民自願參與」落實的普及化及深化，能引導包括不滿現狀的社會人士在內的廣大公民群眾，本著自由的意願，參與社團中公共事務的規劃、決定及推動。循此途徑，「公民自願參與」可進一步對政府社會政策的制定，產生一定程度的影響。「公民自願參與」的附加意義尤其在於，提供有志未伸及不滿現狀的公民群一個自我意志表現、甚至實現的機會，從而緩和其不滿態度，並避免行為趨向激進。藉由「公民自願參與」所能發揮的引導性和建設性功能，內政緊張或危機得以化解。[93]

（4）公民自願從事於符合其專長的社會公益事業及活動。其心力付出的成果，對促成當今的「勞動績效之工商社會」轉型成「全民投入之活力社會」，作出了大貢獻。雖然「公民自願參與」

---

92 同前註。
93 同前註。

的成效尚難直接有助於減輕國家在謀求解決社會失業問題、促進經濟成長及增加教育投資上所承受的巨大壓力,但是無可否認的事實是,因為全民中的大多數公民勇於走出家庭私領域,出來擔任社會榮譽職,為群倫服務,所以一個全民主動投入社會公益的活力社會能逐漸生成。這個嶄新的公民社會洋溢出無窮的生命力。另方面,全球化浪潮衝擊下失去就業機會的民眾,在陷入失業困境的同時,能從自願從事於符合其專長的社會公益事業及活動中,獲得心靈上的踏實感及自我存在價值的再肯定。[94]

依作者個人之見,「公民自願參與」的實質意義主要突顯於三方面:其一,公民個人基於自我存在價值的肯定及社會使命感的體認,以主動和自願的行動及自我負責的態度,來關懷社會及服務群倫。如此一來,個人在社會中的自我期許和人生目標得以實現;其二,在「公民自願參與」蔚為主流風潮下,公民群體透過共同參與社團工作,或並肩從事社會公益活動,能防止社會利益分歧的加深,再造社會的和諧及團結,進而有助益於多元社會的進步和繁榮。其三,公民社會因普遍公民大公無私的義務服職而增添實質的內涵。這個有其特定本質的積極建設性公民社會,足以在國家公領域與個人私領域之間,為兩方的結合扮演好關鍵角色。

3.「公民自願參與」在德國的傳統及發展脈絡

如前所言,歐洲國家公民社會在公民自願參與方面,德國屬於有悠久傳統及獨樹一格發展的國家。德國的發展脈絡的起點可溯源到19世紀初期,當地方自治與公民的社團文化初興之時。

---

94 同前註,頁30。

德國地方自治的萌芽歸因於1808年11月「普魯士城市自治條例」（簡稱：市自治條例）的施行。市自治條例的通過一方面歸功於部長史坦因（Freiherr vom Stein）與哈登堡（Karl August Hardenberg）政治改革的努力，另方面可視為北德新興中產階級合力爭取的成果。該條例賦予普魯士公民在君主專制下空前的自行管理地方事務之權利。基於地方自治制度，公民直接參與地方的立法與行政。地方自治的施行還能發揮整合中產階級勢力、藉以產生政治影響力的功效。如此一來，北德的地方自治開啟了德國公民社會中公民自願參與公共事務的先河。然而，對公民而言，地方自治的參與既是一種權利，也是一項義務。按照市自治條例第191條的規定，公民應履行不求支薪下擔任市公職的義務。此條規定付諸施行之時即為德國公民擔任榮譽職的創舉誕生之日。不過，值此起源時刻，公民榮譽職不僅具有義務性，而且限於地方自治方面的行政職務；換言之，該職務為地方行政榮譽職。由此觀之，地方自治與公民榮譽職的興起有著密切的因果關聯。

　　至於社會榮譽職的開創，則時間較晚，其起因可溯及1853年同樣基於市自治條例而建立的「艾伯斐德制度」（Elberfelder System）之實行。該制度賦予地方上男性公民，以榮譽職方式從事對地方鄰近貧困者的就近照顧。由此突顯出，社會榮譽職具有公民義務性服務地方的特質。擔任此項榮譽職的必備條件為：具有公民身分；與被照顧者為鄰；熟悉地方事務及親身投入。艾伯斐德制度的實施開啟了榮譽職式照顧貧困者的傳統；此種優良的社會傳統決定了往後幾十年德國城市貧困救濟的組織形態。1890年代，地方上啟動社會改革的大環境中，德國各大城市將傳統的濟貧措施提升為地方社會政策之一，致使榮譽職式照顧貧困者的傳統發揚光大。此

時為公民社會榮譽職的鼎盛時期。然而，同時出現的地方政治之官僚體制化及社會政策之專業化卻對榮譽職式濟貧的傳統表現，產生不小程度的侵蝕作用。第一次世界大戰後的「威瑪共和」時期，職業化及專業化的濟貧活動雖然能充實榮譽職式照顧貧者的功能，但是難免也掩蓋其特色。第二次大戰後的聯邦共和國時期，地方自治上的公民行政榮譽職與社會濟貧榮譽職或多或少成為官僚體制化及政策專業化的犧牲品，所以榮譽職式的公民參與暫時失去其初興時的光彩。[95]

如前所言，19世紀公民社團文化的興起為啟動公民自願參與社會公益事業的另個主要因素。一般而論，社會上的公民團體及協會組織，可視為德國在19世紀公民生活領域中，參與社會活動上典型的組織形態。此種愈來愈普及化的社團參與蔚為具有特色的德國公民社會文化，亦即為：公民社團文化。19世紀後半期，社團不僅是公民自願參與一般社會公益活動的核心組織，而且也成為私人，無論有宗教信仰與否，自發性從事慈善濟貧活動的中心場域。換言之，公民群透過社團的組織化及活動的推展來從事社會公益和救濟事業。在當時「德意志帝國」的各大城市，除了設有公立救濟機構以外，還成立了數以千百計、形色繽紛的私有慈善團體。組織及功能上，此類社團的重要性不斷增加，其整體表現並不遜於德國傳統的基金會。不過，社團的運作及功效原則上仍然維持地方性，而與前述地方自治的地方性相合。由此再次彰顯出地方社會生態與公民自願參與之間的緊密關聯。[96]

---

95 參閱Christoph Sachße, 前引文，頁3-4。
96 同前註，頁4。

公立救濟機構與私有慈善社團間因人力資源供應上的合作及業務上的協調而沒有介於公、私兩領域間的明顯區隔。進展至威瑪共和時期,社會救濟方面的立法引進了公、私兩領域依輔助原則相互協調的規定,讓原本模糊的區隔開始消失。如此一來,社團獨特的社會價值和地位受到考驗。儘管如此,自願成立的社團、協會等組織基本上仍能作為公民社會的核心,誠如哈伯瑪斯所言。哈氏又稱公民社團為「再政治化的社會領域」的構成要件,而這個社會領域即代表著公民社會的特色。大體來看,19世紀晚期公民社團文化的主要特徵在於文化締造者的社會同質性。造就此種文化的人士皆屬於德國城市生活富庶且受教育的中產階級;它凝聚成1890年代社會改革運動的推力。換言之,社會改革運動的推展歸功於自願、主動又肩負社會責任的公民參與行為,而改革力量最能充分發揮之處,則在於地方社會政策的改良。[97]

　　如同地方自治上公民榮譽任事的演變結果,公民社團文化的發展同樣難免淪為日後官僚體制化及政策專業化下的犧牲者。一次大戰中,傳統的公民社團文化趨向沒落。接踵而至者為威瑪共和時期新型社會福利協會的崛起。此類社福組織具有統籌權集中和大型官僚體系的濃厚色彩。新型社福協會的崛起無形中致使公民自願參與局面陷入矛盾情境。矛盾現象出現在兩方面的衝突:一方面,新型社福協會激勵了新一波的公民自願參與潮,並為公民自願參與建立起比過去傳統地方公民社團參與格局更大的組織架構;另一方面,由於新型社福協會的運作,不僅傳統的公民自願參與與私有的社團文化間的合一關係告終,而且甚至於整個傳統的私有社福社團文

---

97 同前註。

化也因而落幕。在德國社福性及慈善性的社團活動領域，呈現出一種從過去由公民自行組成的私有社團轉變為專業化、大型的官僚組織。此種官僚化及專業化的新型社福協會扮演著國家公部門社福官僚體系的外圍組織之角色。長此以往，大型社福協會特有的組織結構及運作模式掏空了傳統社團文化賴以生成社會文化環境。時至今日，雖然大型社福協會始終徵召數量眾多的自願公民來協助推動社福工作，但是傳統上純私有社團組織的發展早已停滯，而其原有的非官僚體制化及非專業化之特質，也不復存在。於此同時，協會組織中非榮譽職、有給的職工數量卻相對地大幅增高。[98]

　　整個發展脈絡顯示，公民自願參與始於德國地方自治及公民社團文化的興起，從而建立起公民自願以榮譽職投入社會公益活動、並勇於任事及為此負責的優良傳統。即使日後官僚體制化及專業化的新型社福協會之發展致使原有的公民社團文化沒落，然而傳統中孕育出的公民自願參與之情操卻未因組織的轉型而喪失，反倒是始終作為持續推動聯邦共和國時期普遍公民以榮譽職任事的一股原動力。

4. 跨世紀聯邦共和國公民自願參與的實際表現
（1）整體表現

　　20／21世紀之交，德國公民社會中公民自願參與社團榮譽職工作的人數維持在公民總數的3成5左右。1997、1999、2001、2004年4次就公民自願參與表現調查的結果確定此一事實。德國方面的參

98 參閱Christoph Sachße，前引文，頁4-5。

與率與同一時期「歐洲聯盟」26個成員國的平均值32%相比較，顯然略高些。[99] 依據1997年在德國「史派爾行政大學」公共行政學研究所及與其相關的兩個基金會贊助下完成的「價值變遷與公民自願參與調查」結果，公民自願參與者佔全國18歲以上的公民總數的38%，其中德西為39%；德東計35%。[100] 根據1999年德國聯邦政府「家庭、婦女暨青年部」贊助的一項電話訪問調查結果，公民自願參與者佔全國公民總數的34%，其中德西為35%；德東計28%。[101] 如前所言，邁入21世紀，德國公民社會中主動擔任社會榮譽職的公民總數高達2160萬人，所占百分比仍維持1999年的34%。也就是說，平均每3人中，便有1人出任既利己又利他的榮譽職。2004年夏，家庭、婦女暨青年部再次贊助電訪調查。其結果顯示，公民自願參與者人數比1999年該部第一次贊助的電訪調查結果增加了兩個百分點，增高至36%。[102] 表6-6示意上述4次調查結果：

99 歐盟成員國平均值資料來源：Helmut K. Anheier／Stefan Toepler 2002 Bürgerschaftliches Engagement in Europa Überblick und gesellschaftliche Einordnung, in: Aus Politik und Zeitgeschichte Beilage zur Wochenzeitung Das Parlament, B9／2002, 1. März 2002, Die Bundeszentrale für politische Bildung, Bonn, 頁33。
100 H. Klages, 前引文，頁30。
101 Thomas Gensicke 2001 Freiwilliges Engagement in den neuen und alten Bundesländer Ergebnisse des Freiwilligensurveys 1999, in: Aus Politik und Zeitgeschichte Beilage zur Wochenzeitung Das Parlament, B25-26／2001, 15. Juni 2001, Die Bundeszentrale für politische Bildung, Bonn, 頁24。
102 Thomas Gensicke 2006 Bürgerschaftliches Engagement in Deutschland, in: Aus Politik und Zeitgeschichte Beilage zur Wochenzeitung Das Parlament, 12／2006, 20. März 2006, Die Bundeszentrale für politische Bildung, Bonn, 頁10。

表 6-6　20 ／ 21 世紀之交德國公民自願參與社團等榮譽職工作者的百分比

年份	公民自願參與者佔全國總人數的百分比
1997	38（以18歲以上人口計算，德西：39；德東：35）
1999	34（以14歲以上人口計算，德西：35；德東：28）
2001	34（以14歲以上人口計算，2160萬人）
2004	36（以14歲以上人口計算）

資料來源：Helmut Klages 1998 Engagement und Engagementpotential in Deutschland Erkennntnisse der empirischen Forschung, in: Aus Politik und Zeitgeschichte Beilage zur Wochenzeitung Das Parlament, B38 /1998, 11. September 1998, Die Bundeszentrale für politische Bildung, Bonn, P30. Thomas Gensicke 2001 Freiwilliges Engagement in den neuen und alten Bundesländern Ergebnisse des Freiwilligensurveys 1999, in: Aus Politik und Zeitgeschichte Beilage zur Wochenzeitung Das Parlament, B25-26 / 2001, 15. Juni 2001, P24。Thomas Gensicke 2006 Bürgerschaftliches Engagement in Deutschland, in: Aus Politik und Zeitgeschichte Beilage zur Wochenzeitung Das Parlament, 12 / 2006, 20. März 2006, P10.

（2）各邦表現

公民自願參與在全德國16個邦的表現不一。表6-7示意1999年和2004年的參與率：

表6-7顯示1999與2004兩年各邦的公民自願參與率及其間的變化；除了漢堡邦參與率降低以及布萊梅和薩爾區兩邦情況無法確定以外，其他絕大多數的邦若非參與率增高，即為維持不變。其中，增高方面，以德西萊茵區 —— 法爾茨與低薩克森兩邦表現最佳；首都柏林與德東布朗登堡兩邦表現次之。此外，以距2007年較近的2004年情況而言，巴登－威騰堡邦的參與率最高；黑森與萊茵區－法爾茨兩邦次高；漢堡邦的參與率最低。德東與德西各邦大體相比下，西部表現優於東部，然而若從5年間（1999-2004年）參與率的

增高情況來看，則可發現，東部表現比西部佳；德東增加3%；德西僅增加1%。事實顯示，萊茵區－法爾茨邦不祇參與率偏高，而且增高情況也最佳。相形下，漢堡邦整體表現最差，還不及德東5邦。

表 6-7　1999 年及 2004 年德國 16 個邦的公民自願參與率

邦名（位處）	1999、2004 年的參與率（百分點）及增減
巴登－威騰堡（Baden-Württemberg）（德西）	40、42（＋2）
黑森（Hessen）（德西）	39、39（0）
萊茵區－法爾茨（Rheinland-Pfalz）（德西）	33、39（＋6）
巴伐利亞（Bayern）（德西）	37、37（0）
低薩克森（Niedersachsen）（德西）	31、37（＋6）
北萊茵－西法倫（Nordrhein-Westfalen）（德西）	35、35（0）
史雷斯威－侯斯坦（Schleswig-Holstein）（德西）	34、34（0）
布朗登堡（Brandenburg）（德東）	28、33（＋5）
圖林根（Thüringen）（德東）	29、32（＋3）
梅克倫堡－前波門 Mecklenburg-Vorpommern（德東）	29、31（＋2）
薩克森－安哈特（Sachsen-Anhalt）（德東）	28、30（＋2）
薩克森（Sachsen）（德東）	30、30（0）
柏林（Berlin）（首都；德東）	24、29（＋5）
漢堡（Hamburg）（德西）	31、26（－5）
布萊梅（Bremen）（德西）	未確定
薩爾區（Saarland）（德西）	未確定

16個邦排列順序依據2004年參與率的高低。
資料來源：Thomas Gensicke 2006, 前引文，頁11。

（3）公民自願參與的活動範疇

　　德國公民自願參與行為表現在許多的活動範疇。德國學者耿希克（Thomas Gensicke）根據1999及2004兩年訪調結果中顯示的參與

率高低,將活動範疇區分為超大型、大型、中型、小型4個範疇,每個範圍有其活動項目。表6-8呈現跨世紀公民的參與率及參與項目:

表6-8 1999年及2004年德國公民自願參與的活動範疇、項目及參與率

超大型活動範疇
體育運動:11.0%(1999)/ 11.0%(2004)
大型活動範疇
學校及幼稚園:6.0 / 7.0
休閒及社交活動:5.5 / 5.0
教會及宗教活動:5.5 / 6.0
藝文活動:5.0 / 5.5
社會服務:4.0 / 5.5
中型活動範疇
消防及救援工作:2.5 / 3.0
政治及其利益代表:2.5 / 2.5
職業利益代表:2.5 / 2.5
環境保護、大自然及動物保育:2.0 / 2.5
青少年服務及成年者教育:1.5 / 2.5
地方事務:1.5 / 2.0
小型活動範疇
衛生保健:1.0 / 1.0
司法及犯罪防治:0.5 / 0.5

資料來源:Thomas Gensicke 2006,前引文,頁12。

表6-8顯示,多樣化的活動中體育運動項目獲得最高的參與率;民眾投入的程度遠超過其他項目。其次便是學校及幼稚園、教會及宗教活動及藝文活動。社會服務項目上的參與率成長最大,達

到與藝文活動相同的參與度,而在大型活動範疇中位居第3名。至於休閒及社交活動,則是參與率唯一下滑的項目。中型活動範疇各項活動的參與率與大型活動範疇相比也出現不小的落差。參與率微幅增高者,出現在消防和救援、環保、大自然保育及地方事務項目上。5年間上升幅度最大者,無非青少年服務及成年者教育。參與率維持不變的政治與職業方面之利益代表項目,占有中型活動範疇裡的次要地位。顯而易見的是,民眾對高度專業化且較具嚴肅性的司法及犯罪防治,最缺乏投入的興趣。

(4)自願參與者的個人特徵

　　由距今最近一次(2004年)的電訪調查結果可知,占全國14歲以上總人口數的36%之自願參與民眾中有僅參與1項社會活動者,也有參與多項活動者。他們在個人狀況上顯現出值得深究的特徵。表6-9指出在各項特徵上參與1項及多項活動者所占的百分比:

　　2004年電訪調查結果顯示,占全德14歲以上人口總數的64%之民眾既無自願參與的表現,又未出任社會榮譽職。他們在上列個人特徵上所占的百分比,與自願參與者相比,呈現偏低情況。以第3項特徵為例,沒有參與任何社會活動者,在該項特徵上占18%;雖參與社會活動、但無自願參與的行為表現者占23%,兩者皆低於自願參與。從上表可顯見,自願參與愈多項社會活動者,在各項特徵上的占有率便愈高。至於「處於就業狀況」一項,則為過半數的參與者所具有的特徵,人數之眾遠超過其他項目。可確定的是,上列多項個人狀況的特徵與個人融入社會的程度間有著正面關係。例如:具備前3項特徵者,其融入社會的程度不致偏低。現代社會再整合的成功有賴於個人高度融入這個生活共同體。

表 6-9　自願參與者在個人狀況上的特徵及其占有率

自願參與者個人狀況上的特徵	參與一項活動者（21%）	參與二項活動者（9%）	參與三項活動以上者（6%）
朋友圈廣闊	32%	38%	46%
與教會聯繫甚密	21	28	43
具有開創性及服務性的人生價值觀	29	35	41
家庭生計人口在4人以上	34	39	44
年齡介於40至60歲之間	33	38	44
處於就業狀況	51	53	59
有較高的教育程度及學歷	44	48	58
曾有或現有較高的職位	29	33	45
曾經或現今擔任公職	24	26	29
曾經或現今服務於第三部門	6	6	12

資料來源：Thomas Gensicke 2006，前引文，頁13。

（5）公民自願參與的動機

從2004年電訪調查結果，可瞭解公民自願參與行為係發自於何種動機。表6-10指出參與的4個動機及其強弱程度：

表 6-10　公民自願參與行為的動機及其強弱程度

動機	強烈（%）	薄弱（%）	毫無（%）
1. 我想透過我的參與，至少能小幅度地塑造社會	66	29	5
2. 我想透過我的參與，能與他人相聚和共事	60	35	5
3. 我的參與是一項必須執行的任務	44	40	16
4. 我的參與形態上也是一種政治參與	21	27	52

資料來源：Thomas Gensicke 2006，前引文，頁14。

　　第1個自願參與的動機具有積極創造性。發自於此一動機、且程度上強烈者，高達66%；動機雖不強，但仍存有者，也占3成左右。在表列4個動機中，這個創造性的動機為最多的參與者所存有，而程度強烈。第2個動機雖不具創造性，但反映出參與者個人融入團體及正面面對社會整合的態度。相較於動機1，存有動機2、且程度強烈者，在人數上略低，而在4個動機中居於次高的位置。動機2不強者，也占35%，略高於動機1同等程度的比率。第3個動機的持有者顯然視公民自願參與為一種應盡的義務，而對個人的行為具有強制性。動機3上，持有者強弱程度所佔的比率相當接近，皆達4成以上，但是也有16%的參與者，毫無如此動機。第4個動機的持有者將公民自願參與社會公益活動或從事社會服務工作，視同另類的政治參與。此種在自願性及榮譽職性的社會參與與政治事務的參與間不做區分的人，數量上不及50%。換言之，過半的參與者並無這個社會和政治兩方參與融合的動機。

（6）自願參與者按年齡、性別及居住地的比率

　　依據1999及2004兩年的調查結果，自願參與者按年齡、性別及居住地所呈現的比率如表6-11：

　　表6-11顯示，年齡介於31至65歲間的公民在所有自願參與者中，占大多數。這些正值人生壯年時期的人士構成自願參與公民群的主體，無疑也是公民社會的中堅。另從性別來看，整體上男性參與的程度高於女性；兩性間的差距最小者，出現在31至45歲的年齡層。再就居住地而言，參與者中居住於德國西部各邦之人明顯多於東部各邦。此一事實說明了德西民眾在自願參與上表現出比德東民眾較為積極的態度。探其主要原因，則與直接影響個人狀況及參與

表6-11　自願參與者按年齡、性別及居住地的比率

年齡及年份 / 性別及居住地	14—30歲		31-45歲		46-65歲		66歲以上	
	1999	2004	1999	2004	1999	2004	1999	2004
參與者無分性別	35%	35%	38%	39%	37%	40%	23%	26%
男性	40	36	40	40	42	43	27	33
女性	29	33	36	38	32	37	19	21
居住德西	37	37	39	40	39	41	24	27
居住德東	28	29	31	37	30	34	19	19

資料來源：Thomas Gensicke 2006，前引文，頁15。

行為的地區社會現況之良劣有直接關聯。大眾就業率的高低，在決定社會狀況的良劣上，扮演主要角色。一般而言，就業率愈高，則社會狀況也愈佳；社會狀況愈佳，則地區民眾在自願參與上也表現得愈積極。此外，前列表6-9已指出，自願參與者多半處於就業狀況；參與愈多項社會活動者，則愈多處於就業狀況。以2004年為例，德國「聯邦勞工署」（Bundesagentur für Arbeit）提供的統計數據顯示，全德國失業率為10.3%，其中，德西地區計8.2%；德東地區達18.3%。[103] 換言之，德西的就業率遠高於德東。據此可確定，德西社會狀況比德東佳，其民眾在自願參與上因此也表現得愈積極。

（7）自願參與者按就業狀況、性別及居住地的比率

　　根據上述兩年的調查結果，自願參與者按就業狀況、性別及居住地所呈現的比率如表6-12：

---

103 參閱Birgit Albrecht／Mario von Baratta 2004 Der Fischer Weltalmanach 2005 Zahlen-Daten-Fakten, Fischer Taschenbuch Verlag, Frankfurt am Main, 頁136。

表6-12　自願參與者按就業狀況、性別及居住地的比率

就業狀況及年份＼性別及居住地	就業中		失業中		在學		家庭主婦		退休養老	
	1999	2004	1999	2004	1999	2004	1999	2004	1999	2004
參與者無分性別	38%	40%	23%	27%	37%	38%	38%	37%	24%	28%
男性	43	42	25	27	41	40	※	※	29	35
女性	32	37	22	27	34	36	38	38	20	23
居住德西	39	41	25	27	39	40	39	38	26	30
居住德東	33	37	22	26	29	34	19	29	20	21

※ 男性為家庭主婦的情況極少出現。
資料來源：Thomas Gensicke 2006，前引文，頁15。

　　表6-12反映出在學學生（包括：大、中學生及職訓生）與家庭主婦的高度參與率，僅次於就業者。就業者與失業者間的差距相當大，印證了前面論述的觀點，即為：就業者在自願參與上表現得比失業者為積極。然而，處於失業狀況者能表現出高於兩成的參與率，幾乎達成退休養老者的參與程度，是值得重視的。本章前端論析公民自願參與的意義時，曾具體指出，因全球化浪潮衝擊或其他社會經濟原由而失去就業機會的民眾，在陷入失業困境的同時，能從自願投入符合其專長的社會公益事業及活動中，獲得心靈上的踏實感及自我存在價值的再肯定，進而紓緩了失業造成的不滿或不安情緒。這個事實是對失業者的參與行為較合理的解釋。另一方面，除了家庭主婦一項以外，其他所有項目中皆顯示，男性參與率高於女性。德西在學者與家庭主婦的參與表現積極，幾乎達到德西就業者的水平，遠超過德東的在學者與家庭主婦。就家庭主婦單項而言，德東的參與遠不及德西。雖然整體而觀，德西住民在自願參與上比德東較積極，但是不宜忽略的是，跨世紀以來，德東自願參與社會救濟及其他公益活動的民眾數量呈現比德西更大的增長趨

勢，尤其是家庭主婦，惟獨退休養老一項增長幅度甚微。

小結

　　現代德國社會視公民自願參與或以榮譽職任事為公民社會深具指標性意義的表現。由當今前瞻未來，全球各國發展的趨勢為，社會將承擔比過去更多且更繁重的職責，蓋因全球化下大部分原屬國家的任務歸由社會來達成。社會若能如期達成所負任務，國家發展始得出現生機。社會任務圓滿達成的先決條件則在於：保有一個足以承擔國家所託重任的公民社會。此種公民社會源源不絕的生命力，係來自於普遍公民自願對社會公共事務及公益活動的參與和投入。由於公民群體表現出自願參與或以榮譽職任事的行為模式，並蔚為風氣，公民社會便被活化成為有能力承擔重責大任的現代化有機體。如此的公民社會無疑是國家最珍貴的資源。

　　20／21世紀之交，德國公民社會中自願參與社團等榮譽職工作的人數維持在公民總數的3成5左右。德國方面的參與率，與同一時期「歐洲聯盟」其餘26個成員國的平均值相比較，略為高些。然而，若與歐盟成員國中的北歐國家瑞典、芬蘭、丹麥相比，則德國以相當大的差距，落於3國之後。是以，德國在相關方面，仍有相當寬廣的努力空間。

　　從跨世紀兩次電訪的結果中，除了確定其他的重大發現以外，還確知了德國公民自願參與行為上最強烈的動機，便是：透過參與來塑造社會。從此種動機可看出德國公民的積極進取、捨我其誰的精神。

（三）公民自願參與在柏林共和：邊陲現象或核心價值？

　　德意志聯邦共和國為民主、社會的聯邦國家。[104] 基於此項德國基本法的規定，現代德國應該是一個社會國下落實社會福利的國家。事實上，聯邦共和國立國58年以來，在歷任及現任聯邦與各邦政府領導下，無論哪個政黨執政、或哪些政黨聯合執政，皆致力於社會國的建設及人民福利的再造。現階段在德國公共領域展開的討論中，社會國與公民自願參與的關係，成為眾所關切的議題。議論中，有學者如：艾斐斯（Adalbert Evers）與歐爾克（Thomas Olk）提出公民自願參與在德國是邊陲現象的觀點。[105] 雖然兩人以社會國大環境的變遷為考據，論證了他們的觀點，但是仍然有繼續討論的必要。論辯中的基本考量是，從有擔當的公民社會角度看，何以不宜謂：公民自願參與在德國不是邊陲現象，而始終保有核心價值？

　　艾斐斯與歐爾克認為，現階段德國身為後現代的社會國，呈現出從福利國轉變為福利市場的趨勢，而此種趨勢會持續下去。長此以往，在市場供需平衡、市場競爭及私有企業經營理念貫徹等非傳統因素的影響下，原本活躍於福利國社會公共領域的公民自願參與，無形中便逐漸失去其原有的核心價值，而在競爭日益加劇的福利市場中，淪為邊陲現象。依兩人之見，任何人，祇要會要求更多市場及更精湛的企業經營專業，都不會否認，公民自願參與基本上僅扮演著位居社福供給體系的邊陲之角色。以代表社會上弱勢族群

---

104 參閱德國基本法第20條第1項的規定。
105 參閱Adalbert Evers／Thomas Olk 2002 Bürgerengagement im Sozialstaat- Randphänomen oder Kernproblem, in: Aus Politik und Zeitgeschichte Beilage zur Wochenzeitung Das Parlament, B9／2002, 1. März 2002, Die Bundeszentrale für politische Bildung, Bonn, 頁7-14。

利益的各種社福協會及組織來說，在其中公民自願參與是天經地義的普遍現象，也扮演重要的角色。然而隨著社會國大環境的改變，而福利國蛻變為福利市場，客觀情勢要求市場供需平衡、更多的市場、其相互的競爭以及私有企業經營理念的貫徹。以公民自願參與為主體的這些協會及組織，在因應福利市場客觀情勢的要求上，由於本身專業及競爭條件不足，是故難以符合要求，便在喪失其在福利國中原有的重要地位下，逐漸被方興未艾的福利市場邊緣化，充其量也祇能扮演社福供給體系中的補充角色。[106]

　　艾斐斯與歐爾克偏向從福利國蛻變為福利市場的趨勢之角度，來評估社福協會及其中活躍的公民自願參與之角色和價值。此種論點基本上等於認定了德國公民社會在整個國家角色和價值的改變，即為：從核心轉變到邊陲。在當今德國政府、學術界及民間社團一般重新肯定公民社會中公民自願參與或以榮譽職任事對國家未來發展的重大正面意義之時，公民自願參與淪為邊陲現象的論點確實顯現其獨特性，自然也有或多或少的偏頗之嫌。

　　相關議題的論辯中，不乏學者如：布朗（Sebastian Braun）、高爾（Christopher Gohl）及克拉格斯，相對於艾斐斯與歐爾克，偏向認為，即使跨世紀以來社會國大環境在改變，而危機叢生，然而公民自願參與的表現卻始終保有其歷久不衰的核心價值。依布朗之見，21世紀開始，公民自願參與議題在德國再度被熱烈的討論。公民自願參與現象從未褪色，而被寄予厚望。尤其當社會國處於危機時，公民自願參與的表現更加彰顯其對化解危機的重要性。在變遷的大環境中，公民不僅是社會的消費者，而且藉由其長期主動的自

106 參閱A. Evers／T. Olk 2002，前引文，9-10。

願參與，業已成為社會需求平衡上的重要支柱。[107]高爾指出，當今及未來，各國面臨3大挑戰：全球化與跨國化、工業勞動社會的終了與新勞動社會的崛起、知識社會與網路社會。吾人唯有與公民結合成一體，並藉助公民群體之力，始能戰勝當今及未來的挑戰。政治及社會變遷下，公民社會當可作為應該追求的政治目標和願景。可想像的是，公民社會未來的模式應建立在回應未來3大挑戰的基礎上。[108]克拉格斯認為，今日，公民自願參與贏得更多實質上的意義。鑒於公民自願參與在德國的社會及政治體系中，確實發揮了基本的功能，吾人對公民自願參與加以高度關注及肯定的時刻已到。[109]克拉格斯所謂的基本功能，在本文第貳章第二節公民自願參與的意義部分，已有論述。

　　由此可見，大多數德國學者偏向肯定德國公民的自願參與始終保有其核心價值。尤其在當前社會國大環境改變，國家期待社會達成更繁多的任務，承擔更沉重的責任之時，公民社會透過愈加踴躍的公民自願參與或以榮譽職任事，而能取得無窮的生機，進而為社會國未來的治理及發展，提供源自於公民群體的珍貴人力資源，循由此途確實達成了國家所付託的使命。對公民個人而言，透過主動投入社會公益事務，來實現「天生我材必有用的」的自我存在之根本價值。對公民社會而言，公民自願參與行為活化了這個介於國家與個人及家庭之間的公民共同生活有機體。對社會國而言，公民自

---

107 參閱Sebastian Braun 2001 Bürgerschaftliches Engagement im politischen Diskurs, in: Aus Politik und Zeitgeschichte Beilage zur Wochenzeitung Das Parlament, B25-26／2001, 15. Juni 2001, Die Bundeszentrale für politische Bildung, Bonn, 頁3。

108 Christopher Gohl 2001 Bürgergesellschaft als politische Zielperspektive, in: Aus Politik und Zeitgeschichte Beilage zur Wochenzeitung Das Parlament, B6-7／2001, 2. Februar 2001, Die Bundeszentrale für politische Bildung, Bonn, 頁5。

109 Helmut Klages 前引文，頁29。

願參與始終具有其無法取代的核心價值和地位。

　　若視如此的公民社會及體現社會國核心價值的公民自願參與為邊陲現象，祇因為呈現所謂從福利國邁向福利市場的趨勢，則對現階段2200萬在社團、協會及社會工作崗位上付出心力、而不求回報的自願參與公民來說毋寧是一大頗欠公允的否定。吾人無須祇從狹隘的福利市場需求之觀點，來評斷公民自願參與的社會價值問題。理由是，福利市場無法代表社會國的全部，而僅為社會國物質面的一部份而已。較為合宜、且符合事實的看法係從社會國精神面的角度出發，肯定積極進取的公民社會及其朝氣蓬勃的公民自願參與現象對社會國發展的重大意義。

小結

　　世界各國中，公民社會的公民自願參與為普遍現象，然而因各國國情不同，公民社會文化互異，是故公民自願參與方面的表現會有積極與消極之別。由前文的論述，可確定的是，在當今21世紀的德國，公民表現出積極主動的自願參與或以榮譽職任事之行為，而其參與率比之於20世紀末，呈現小幅度成長的趨勢。雖然德國在相關表現上仍不及北歐社會福利制度完備的國家，但是能保持在歐盟成員國平均的水準以上。

　　德國普遍公民對自我存在價值的再覺醒和再肯定，堪為跨20／21世紀自願參與表現益加良好的主要原因。此種自我價值的重振可從大多數公民強烈的參與動機中，獲得證實。如前所述，6成6的受訪者持有強烈的動機，期待透過親身的參與，來至少小幅度的塑造社會。此種開創性的動機顯現出公民個人的自信，便是：因為有我的心力投入，社會及國家變得更有希望；我以自願參與的個人表現

為榮，社會以我一點一滴的貢獻為榮。自我價值的重振也可視為價值變遷，此一因素成為促進公民自願參與行為的原動力。另方面，1990年德國完成再統一後，全德人民在國家發展目標導引及政府政策規劃下，努力於再建設；尤其是德國東部地區歷經過去41年社會主義極權統治的蹂躪，百廢待舉。此種變遷的國家政治、社會和經濟環境亟需全德公民社會發揮為國分憂解勞的功能，透過公民自願參與來達成國家所賦予的繁重任務。換言之，統一後大環境的改變及因此產生的新需求是促成德國公民自願參與率提高的客觀環境因素。

德東與德西地區公民在自願參與上表現的相當程度落差是否導致德國公民社會的分割？針對此一問題，德國學術界在討論時出現正反兩面俱呈的看法。德東與德西因社會經濟條件上的差異及地區公民自我存在價值體認上的不同表現，致使德西公民自願參與的表現較德東為佳。然而，德東公民自願參與的比率在增長中，這是不可否認的事實。未來，若東、西在相關表現上的差距能逐年縮短，則21世紀的德國公民社會應不至於有分割的危險。德國統一後，全民在政府「大團結」的號召下，致力於東、西兩區精神面的統一。大形勢所致，兩區的公民社會被期待發揮全德社會統合的功能。由此觀之，可以審慎樂觀地說，德國公民社會不但不會有分割之虞，反而將可成為促成全德國精神面上統一的主力。

21世紀，德國公民社會藉由日益積極的公民自願參與表現而得以再活化。此種具有承先啟後價值的現象，對德國邁入「柏林共和」的憲政民主之成長和鞏固，提供了來源自於社會的有利資源及條件。據此，前瞻未來，公民社會在德國將扮演比過去「波昂共和」時期更為各方所殷切期許的重要角色。

結論

　　德國政治文化的研究，因歷史演化、政治變遷、人民態度、民族與國家認同等因素交互影響而形成高度的錯綜複雜性，而成為政治問題研究領域中一項不易圓滿達成的任務。縱然如此，鑒於政治文化研究對政治學發展的重要性，此方向的研究工作不但不可輕忽，反而更需政治學界人士加強投入。

　　經過對本書主題德國政治文化發展的深入探究，作者獲得研究心得和發現如下：

　　德國早期政治文化孕育出多項傳統，其中有優良而值得傳承者，卻也不乏可視為缺失而會阻礙跟上時代求進步者。前文所指出的兩個特點：畏懼衝突與政治冷漠，顯然屬於缺點。至於國家中央權力至上觀，則可謂優、缺點兼具。因國家中央權力至上，而得以鞏固中央憲政機關（元首、國會及政府）的主政及治理，使國家治理長期維持完整，不致造成地方分立，甚至獨立建國。此為優點。實例如：德國史上的俾斯麥帝國。然而，若中央權力至上原則無限上綱，則容易導致中央集權，甚至國家領導人的極權獨裁。相對下，地方政府形同虛設，祇不過是唯中央命令是從的附庸體而已。實例如：德國史上的納粹政權。此為缺點。事實上，德國早期政治文化中，還有本文並沒有深入論及的可取之處，即為德國人的個人特質，例如：普遍人民對國家忠誠，對憲法、法律及政令遵行（簡言之，守法精神），善盡國民應履行的各項義務，嚴守職份，務實盡責，並置民族利益於個人利益之上，而重視紀律與秩序等。

　　對德國政治文化發展而論，最具重大意義的是，二戰前漫長的臣服型政治文化，在戰後完成參與型政治文化的轉型。此種劃時代

性的轉型，不僅致使聯邦共和國及時成為政治現代化的德國，足以
與世界先進的工業民主國家並駕齊驅地發展，而且更讓現代化的德
國長治久安，順利邁入21世紀。如前文所論，西德全民記取歷史教
訓下所作出的努力、聯邦與各邦政府對民眾在強化民主政治教育上
的心力和財力付出、西方3個戰勝的民主國家對波昂共和再造民主
政治上的支援，無疑皆為成就參與型政治文化育成的原動力。

　　史實顯示，西德式民主政治及其精髓「參與型政治文化」得來
不易。為此，德意志民族付出了無比的政治代價。永續勵行基本法
之國的憲政民主，長久維護參與型政治文化的成長、發展、深化和
鞏固，更上一層樓地提升德國公民政治參與上的質與量，實屬政治
要務之首。鑒於波昂共和再造民主政治的艱辛，絕不可忽略的課題
是：如何有效自我保全基本法秩序，防禦來自自由民主社會的敵對
者之各式攻擊？為了達到此目的，西德國會、政府及最高司法機關
（聯邦憲法法院）早在1950年秋共同建立起憲法保護體系（護憲體
系）。自此以來，護憲體系發揮的功能，確實有目共睹。

　　就民族與國家認同問題而言，的確讓德國全民深感為難。歷史
上國家發展中斷的事實種下主要原因，而這個惡果卻必須令西德人
民來承受。往者已矣，來者可追。波昂共和絕大多數的民眾基於對
基本法秩序的肯定和支持，對聯邦共和國的信賴和熱愛，內生對基
本法之國的認同感。憲法愛國主義的實踐，實有助於西德人民國家
認同感的再強化。然而，在德國完成統一大業前，西德全民有合
理的理由地無法產生對全德國的愛國意識及認同感。

　　西德政治文化表現出諸多正面的現象。在其背後，是否出現
不可小視的文化赤字。對此，葛萊菜哈根的評斷可供參考。依他之
見，波昂共和為期40年的政治文化不乏赤字，舉其緊要者有5點如

後：一、對政治對立欠缺正確的認知；二、對政治少數不加重視；
三、過度強調秩序、穩定及安全觀念；四、泛法律化；五、昇華技
術官僚的治理。[110]第一點所言者，業已在本文中詳加論述。第二
點所指者，不僅德國，世界其他國家大致上皆如此；民主政治理想
上主張全民治理國家，然而可行的事實，卻是國家統治取決於多數
人的意志；如此，則政治少數的利益便自然被忽視。其餘3點，轉
換角度觀察，未必屬於政治文化赤字，惟程度可予以適度調降。若
調降得宜，反而可視之為優點。

統一前西德政治文化發展呈現出持續性與變遷性的連結和互
動。進而言之，在持續落實政治文化的核心價值「政治參與」中出
現牽動政局的變遷，尤其以60與70年代後期的「大學生抗議運動」
次文化及「新社會運動」次文化，最具代表性。此種旨在顛覆國家
民主治理現狀的變遷力量將聯邦共和國導入一個全方位改革的新里
程；因人心思變而育成的次文化，導致國家制度面與政策面持續不
輟的革新。如此的改革運動不僅有助於國家在全球化挑戰下競爭力
的強化，而且也為80年代末啟動的德國再統一過程，開創有利的條
件。事實可證明，政治文化建設性的變遷是西德開創新局、憲政民
主謀求成長與進步的驅動力量。

戰前傳統政治文化的特殊表現引起戰後政治文化現代化的轉
型；西德時期的政治文化發展為了德國再統一後21世紀柏林共和國
的政治文化而紮下基礎。統一前西德政治文化的發展，便是後德意

110 參閱Martin Greiffenhagen 1991 Die Bundesrepublik Deutschland 1945-1990 Reformen und Defizite der politischen Kultur, in: Aus Politik und Zeitgeschichte Beilage zur Wochenzeitung, Das Parlament, B1-2／91, 4. Januar 1991, Bundeszentrale für politische Bildung（ed.）, Bonn 1991，頁22-24。

志民族國家造就政治定向上光輝與慘澹的經驗歷程。統一後柏林共
和國政治文化的發展,即為新世紀德意志國族突破歷史上狹隘的民
族國家格局,革除德國主流文化思維、而開拓包容多元異質文化共
存共榮的宏大政治胸懷,再造國家治理常態以及由建設性和前瞻性
新愛國主義精神主導的宏觀政治定向育成之新里程。

　　儘管德東、德西間社會與經濟發展的差距仍需假以時日以消
弭之,然而柏林共和國全民對德意志國族及基本法祖國的認同感將
不致受到物質環境及生活條件落差的負面影響。相反地,此種認同
感的日益深化能夠轉化為消除東、西區差距的精神利器。另方面,
值得肯定的是,當代德國多數公民,無分地域,透過自願投入社會
服務工作,並積極參與社團公益活動,造就出國家民主鞏固所需要
的健全公民社會及其文化,為柏林共和參與型政治文化的更上一層
樓,注入源自於社會基層的無窮激素。

參考文獻

壹、專書

中文部分

廖蓋隆／梁初鴻／陳有進／江夏主編 1992 社會主義百科要覽，上冊，人民日報出版社。

葉陽明 2005 德國憲政秩序，台北五南圖書出版公司。

葉陽明 1990 西德政黨論，台北黎明文化事業公司。

葉陽明 1999 德國問題與兩德統一，台北國立編譯館出版。

英文部分

Gabriel A. Almond／ Sidney Verba 1980 *The civic culture an analytic study revisited*, Little, Brown and Company, Boston Toronto.

德文部分

Alexis de Tocqueville 1976 *Über die Demokratie in Amerika*, Deutscher Taschenbuch Verlag, München。

Alfred Grosser 1960 *Die Bonner Demokratie. Deutschland von draußen gesehen*, Düsseldorf.

Allensbacher Jahrbuch Allensbacher Institut für Demoskopie, Demokratie-

Verankerung in der Bundesrepublik.

Birgit Albrecht／Mario von Baratta: 2004 *Der Fischer Weltalmanach 2005 Zahlen-Daten-Fakten*, Fischer Taschenbuch Verlag, Frankfurt am Main.

Elisabeth Noelle／Erich Peter Neumann （ed.）1974 *Allensbacher Jahrbuch der öffentlichen Meinung*, Band 5 Allenbach. Elisabeth Noelle Neumann（ed.）1977 *Allensbacher Jahrbuch der Demoskopie*, Bände 6,7.

E. Noelle-Neumann（ed.）1977 *Allensbacher Jahrbuch der Demoskopie*, Band 7, Wien München Zürich.

Eleonore Baumann／Wolf-Rüdiger Baumann／Doris Breuer／Hans-Dieter Haas etc., 1990 *Der Fischer Weltalmanach 1991 Zahlen Daten Fakten*, Fischer Taschenbuch Verlag, Frankfurt am Main.

Eleonore Baumann／Wolf-rüdiger Baumann／Doris Breuer／Hans-Dieter Haas etc., 1991 *Der Fischer Weltalmanach 1992 Zahlen Daten Fakten*, Fischer Taschenbuch Verlag, Frankfurt am Main.

Eleonore Baumann／Wolf-Rüdiger Baumann／Mario von Baratta etc. *Der Fischer Weltalmanach 1993,1994,1995,1996,1997,1998,1999, 2000 Zahlen Daten Fakten*, Fischer Taschenbuch Verlag, Frankfurt am Main.

Fritz Stern 1974 *Das Scheitern illiberaler Politik Studien zur politischen Kultur Deutschlands im 19. und 20. Jahrhundert*, Propyläen Verlag, verlag Ullstein, Frankfurt am Main.

Gert-Joachim Glaeßner 1992 *Der schwierige Weg zur Demokratie:vom Ende der DDR zur deutschen Einheit*,Westdeutscher Verlag, Opladen.

Günter Fischbach（ed.）1990 *DDR-Almanach 1990*, 附錄部分。

Günter Dürig／Jutta Limbach 2001 *Grundgesetz Verfassungsreformgesetz Parteiengesetz*, Deutscher Taschenbuch Verlag, München.

Heinz Rausch 1980 *Politische Kultur in der Bundesrepublik Deutschland*, Colloquium-Verlag.

Heinz Laufer／Ursula Münch 1997 *Das föderative System der Bundesrepublik Deutschland*, Bayerische Landeszentrale für politische Bildungsarbeit, München.

John Locke 1974, *Über die Regierung（The Second Treatise of Government）*, Philipp Reclam jun., Stuttgart.

Jürgen Habermas 1980 *Strukturwandel der Öffentlichkeit － Untersuchungen zu einer Kategorie der bürgerlichen Gesellschaft*, Hermann Luchterhand Verlag, Darmstadt und Neuwied.

J. J. Hesse／ Thomas Ellwein 1992 *Das Regierungssystem der Bundesrepublik Deutschland*, Band 1: Text, Westdeutscher Verlag, Opladen.

Klaus von Beyme1980 *Die politischen Theorien der Gegenwart*, R. Piper& Co. Verlag, München.

Klaus R. Allerbeck 1976 *Demokratisierung und sozialer Wandel in der Bundesrepublik Deutschland*, Opladen.

Klaus Schroeder 2006 *Die veränderte Republik Deutschland nach der Wiedervereinigung*, Druck＋Verlag Vögel, Stamsried.

Kurt Sontheimer 1999 *So war Deutschland nie Anmerkungen zur politischeen Kultur der Bundesrepublik*, Verlag C.H. Beck, München.

Landeshauptstadt München Direktorium（ed.）2005 *Bürgerschaftliches*

Engagement Freiwilligenarbeit Ehrenamt Initiativen Selbsthilfe, München.

Martin und Sylvia Greiffenhagen 1980 *Ein schwieriges Vaterland: Zur politischen Kultur Deutschlands*, Paul List Verlag, München.

Mario von Baratta（ed.）*Der Fischer Weltalmanach 1981,1984,1988 Zahlen Daten Fakten*, Staaten Deutschland, Fischer Taschenbuch Verlag, Frankfurt am Main.

Mannheim Forschungsgruppe Wahlen E.V. Institut für Wahlanalysen und Gesellschaftsbeobachtung （ed.）1998 *Wahlergebnisse in Deutschland 1946-1998*, Mannheim.

Manuela Glaab／Eckhard Jesse／Matthias Jung／Thomas Emmert／Hans Merkens etc. 1999 *Politische Kultur im Prozess der inneren Einheit*, Bayerische Landeszentrale für politische Bildungsarbeit （ed.）, München.

Otfried Höffe 2004 *Wirtschaftsbürger Staatsbürger Weltbürger —— Politische Ethik im Zeitalter der Globalisierung*, Verlag C.H. Beck, München。

Statistik durch die Bundesagentur für Arbeit 2000-2007, in: Mario von Baratta（ed.）*Der Fischer Weltalmanach 2002 2003 2005 2006 2007 2008 Zahlen Daten Fakten*, Staaten Deutschland, Fischer Taschenbuch Verlag, Frankfurt am Main.

Wolf-Rüdiger Baumann／Wieland Eschenhagen／Matthias Judt／Reinhard Parsler 1999 *Die Fischer Chronik Deutschland 1949-1999 Ereignisse Personen Daten*, Fischer Taschenbuch Verlag, Frankfurt am Main.

W.-R. Baumann／M. v. Baratta etc. *Der Fischer Weltalmanach 2001 Zahlen Daten Fakten*, Fischer Taschenbuch Verlag, Frankfurt am Main.

W.-R. Baumann／M. v. Baratta etc 1992 *Der Fischer Weltalmanach 1993 Zahlen Daten Fakten*, Fischer Taschenbuch Verlag, Frankfurt am Main.

W.-R. Baumann／M. v. Baratta etc.1994 *Der Fischer Weltalmanach 1995 Zahlen Daten Fakten*, Fischer Taschenbuch Verlag, Frankfurt am Main.

W.-R. Baumann／M. v. Baratta etc.1998 *Der Fischer Weltalmanach 1999 Zahlen Daten Fakten*, Fischer Taschenbuch Verlag, Frankfurt am Main.

W.-R. Baumann／M. v. Baratta etc.1999 *Der Fischer Weltalmanach 2000 Zahlen Daten Fakten*, Fischer Taschenbuch Verlag, Frankfurt am Main.

貳、專書文章

德文部分

Glaab／K.-R. Korte: Politische Kultur, in:Werner Weidenfeld／Karl-Rudolf　Korte（ed.）1999 *Handbuch zur deutschen Einheit 1949-1989-1999*, Campus Verlag,　Frankfurt am Main.

Heinrich August Winkler, Die Berliner Republik in der Kontinuität der

deutschen Geschichte, in:Werner Süß／Ralf Rytlewski（ed.）
1999 *Berlin Die Hauptstadt*, Bonn, die Bundeszentrale für politische
Bildung.

Heinz Thörmer: Regieren von Berlin aus, in: Werner Süß／Ralf Rytlewski
（ed.）1999 *Berlin die Hauptstadt Vergangenheit und Zukunft
einer europäischen Metropole*, Nicolaische Verlags- Buchhandlung
Beuermann GmbH, Bonn.

Karl Rohe: Politische Kultur: Zum Verständnis eines theoretischen
Konzepts, in:Oskar Niedermayer／Klaus von Beyme（ed.）1994
Politische Kultur in Ost- und Westdeutschland, Akademie Verlag,
Berlin.

Manuela Glaab／Karl-Rudolf Korte: Politische Kultur, in: Werner
Weidenfeld／ Karl-Rudolf Korte （ed.）1999 *Handbuch zur
deutschen Einheit 1949-1989-1999* Campus Verlag, Frankfurt am
Main.

Oscar W. Gabriel: Bürger und Politik in Deutschland, in: O. W Gabriel／
Everhard Holtmann （ed.）1999 Handbuch Politisches System der
Bundesrepublik Deutschland, R. Oldenbourg Verlag, München Wien.

Theo Stammen: Politische Kultur-Tradition und Wandel, in: Josef Becker
（ed.）1979 *Dreißig Jahre Bundesrepublik Tradition und Wandel*,
München.

Wolf Linder: Das politische System der Schweiz, in: Wolfgang Ismayr
（ed.）1997 *Die politischen Systeme Westeuropas*, Leske＋Budrich,
Opladen.

W. Merkel／H.-J. Lauth　Zivilgesellschaft und Transformation,

in: W. Merkel／H.-J. Lauth (ed.) 1997 *Zivilgesellschaft im Transformationsprozeß? Länderstudien zu Mittelost- und Südeuropa, Asien, Afrika, Lateinamerika und Nahost*, Mainz.

參、期刊

中文部分

葉陽明 2007 戰後德國極右主義、極右政黨對憲政民主之挑戰，刊於：社會科學論叢，第一卷第一期，國立政治大學社會科學學院／五南圖書公司共同發行，2007年4月。

葉陽明 2004 德國資本主義模式及其在全球化衝擊下的調適，刊於：台德學刊（Deutsch-taiwanische Hefte Journal für deutsche Studien），第6期 2004，中華民國德語文學者暨教師協會發行。

德文部分

Adalbert Evers／Thomas Olk 2002 Bürgerengagement im Sozialstaat-Randphänomen oder Kernproblem, in: *Aus Politik und Zeitgeschichte Beilage zur Wochenzeitung Das Parlament*, B9／2002, 1. März 2002, Die Bundeszentrale für politische Bildung, Bonn.

Bassam Tibi: Leitkultur als Wertrkonsens Bilanz einer missglückten deutschen Debatte, in: *Aus.Politik und Zeitgeschichte*, B1-2／2001

Beilage zur Wochenzeitung *Das Parlament*, 12. Januar 2001, Die Bundeszentrale für politische Bildung（ed.）, Berlin.

Christopher Gohl 2001 Bürgergesellschaft als politische Zielperspektive, in: *Aus Politik und Zeitgeschichte* Beilage zur Wochenzeitung *Das Parlament*, B6-7／2001, 2. Februar 2001, Die Bundeszentrale für politische Bildung, Bonn.

Christoph Sachße 2002 Traditionslinien bürgerschaftlichen Engagements in Deutschland, in: *Aus Politik und Zeitgeschichte* Beilage zur Wochenzeitung *Das Parlament*, B9／2002, 1. März 2002, Die Bundeszentrale für politische Bildung, Bonn。

Dieter Oberndörfer: Leitkultur und Berliner Republik Die Herausforderung der multikulturellen Gesellschaft Deutschlands ist das Grundgesetz, in: *Aus Politik und Zeitgeschichte*, B1-2／2001 Beilage zur Wochenzeitung *Das Parlament*, 12. Januar 2001, Die Bundeszentrale für politische Bildung（ed.）, Berlin.

Forschungsgruppe Wahlen: Umfrage DDR März 1990, in: Matthias Jung Parteiensystem und Wahlen in der DDR-Eine Analyse der Volkskammerwahl vom 18.März 1990 und der Kommunalwahlen vom 6. Mai 1990, in: *Aus Politik und Zeitgeschichte* B27／90, Beilage *Das Parlament*, 29. Juni 1990.

Frank Brunssen: Das neue Selbstverständnis der Berliner Republik, in: *Aus. Politik und Zeitgeschichte, B1-2／2001 Beilage zur Wochenzeitung Das Parlament*, 12. Januar 2001, Die Bundeszentrale für politische Bildung（ed.）, Berlin.

Helmut Klages 1998 Engagement und Engagementpotential in Deutschland

Erkenntnisse der empirischen Forschung, in: *Aus Politik und Zeitgeschichte* Beilage zur Wochenzeitung *Das Parlament*, B38／1998, 11. September 1998, Die Bundeszentrale für politische Bildung, Bonn。

Helmut K. Anheier／Stefan Toepler 2002 Bürgerschaftliches Engagement in Europa, in: *Aus Politik und Zeitgeschichte* Beilage zur Wochenzeitung *Das Parlament*, B9／2002, 1. März 2002, Die Bundeszentrale für politische Bildung, Bonn。

Kurt Sontheimer 2001 Berlin schafft keine neue Republik – und sie bewegt sich doch, in: *Aus.Politik und Zeitgeschichte*, B1-2／2001 Beilage zur Wochenzeitung *Das Parlament*, 12. Januar 2001, Die Bundeszentrale für politische Bildung（ed.）, Berlin.

Ludwig Watzal 2001 Editorial, in: *Aus Politik und Zeitgeschichte* B1-2／2001, Beilage zur Wochenzeitung *Das Parlament*, 12. Januar 2001, Die Bundeszentrale für politische Bildung（ed.）,Bonn.

Martin Greiffenhagen 1991 Die Bundesrepublik Deutschland 1945-1990 Reformen und Defizite der politischen Kultur, in: *Aus Politik und Zeitgeschichte* Beilage zur Wochenzeitung *Das Parlament*, B1-2／91, 4. Januar 1991, Bundeszentrale für politische Bildung（ed.）, Bonn 1991.

Norbert Seitz 2007 Die Nachhaltigkeit eines neuen Patriotismus, in: *Aus Politik und Zeitgeschichte*, 1-2／2007 Beilage zur Wochenzeitung *Das Parlament*, 2. Januar 2007, Die Bundeszentrale für politische Bildung（ed.）, Berlin.

Sebastian Braun 2001 Bürgerschaftliches Engagement im politischen

Diskurs, in: *Aus Politik und Zeitgeschichte* Beilage zur Wochenzeitung *Das Parlament*, B25-26／2001, 15. Juni 2001, Die Bundeszentrale für politische Bildung, Bonn。

Thomas Gensicke 2001 Freiwilliges Engagement in den neuen und alten Bundesländern Ergebnisse des Freiwilligensurveys 1999, in: *Aus Politik und Zeitgeschichte* Beilage zur Wochenzeitung *Das Parlament*, B25-26／2001, 15. Juni 2001, Die Bundeszentrale für politische Bildung, Bonn。

Thomas Gensicke 2006 Bürgerschaftliches Engagement in Deutschland, in: *Aus Politik und Zeitgeschichte* Beilage zur Wochenzeitung *Das Parlament*, 12／2006, 20. März 2006, Die Bundeszentrale für politische Bildung, Bonn。

Warnfried Dettling 1998 Bürgergesellschaft Möglichkeiten, Voraussetzungen und Grenzen, in: *Aus Politik und Zeitgeschichte* Beilage zur Wochenzeitung *Das Parlament*, B38／98, 11. September 1998, Die Bundeszentrale für politische Bildung, Bonn。

Wolfgang Merkel／Hans-Joachim Lauth 1998, Systemwechsel und Zivilgesellschaft: Welche Zivilgesellschaft braucht die Demokratie? in: *Aus Politik und Zeitgeschichte* Beilage zur Wochenzeitung *Das Parlament*, B6-7／98, 30. Januar 1998, Die Bundeszentrale für politische Bildung, Bonn。

肆、德國國會週報

Eckhard Jesse, Deutschland hat sich gewandelt Ausbalancierteres Verhalten zur eigenen Identität, in: *Das Parlament Patriotismus*, 56.Jahrgang Nr.42, Berlin, 16.Oktober 2006, die Bundeszentrale für politische Bildung.

Gernot Facius, Deutschlands neues Wir-Gefühl,in: *Das Parlament Patriotismus*, 56.Jahrgang Nr.42, Berlin, 16.Oktober 2006, die Bundeszentrale für politische Bildung.

Martin Böttger, Eine gesamtdeutsche Verfassung wäre patriotisch gewesen,in: *Das Parlament Patriotismus*, 56.Jahrgang Nr.42, Berlin, 16.Oktober 2006, die Bundeszentrale für politische Bildung.

Udo Di Fabio, Werte mit Leben füllen Demokratie kann ohne Patriotismus nicht auskommen, in: *Das Parlament Patriotismus*, 56.Jahrgang Nr.42, Berlin, 16.Oktober 2006, die Bundeszentrale für politische Bildung.

Volker Kronenberg, Das Verhältnis von Patriotismus und Nationalismus im Spiegel der deutschen Geschichte, in: *Das Parlament Patriotismus*, 56.Jahrgang Nr.42, Berlin, 16.Oktober 2006, die Bundeszentrale für politische Bildung.

國家圖書館出版品預行編目資料

德國政治文化之發展 / 葉陽明著. -- 初版.
-- 臺北市：五南, 2009.09
面；公分
參考書目：面
ISBN 978-957-11-5726-9 (平裝)
1. 政治文化 2. 政治發展 3. 德國
574.43   98012588

IPL9

德國政治文化之發展

作　　者 — 葉陽明（324.5）

發 行 人 — 楊榮川

總 編 輯 — 龐君豪

主　　編 — 劉靜芬　林振煌

責任編輯 — 李奇蓁　程于倩　何晨瑋

封面設計 — 童安安

出 版 者 — 五南圖書出版股份有限公司

地　　址：106 台北市大安區和平東路二段 339 號 4 樓

電　　話：(02) 2705-5066　傳　　真：(02) 2706-610

網　　址：http://www.wunan.com.tw

電子郵件：wunan@wunan.com.tw

劃撥帳號：01068953

戶　　名：五南圖書出版股份有限公司

台中市駐區辦公室 / 台中市中區中山路 6 號

電　　話：(04) 2223-0891　傳　　真：(04) 2223-354

高雄市駐區辦公室 / 高雄市新興區中山一路 290 號

電　　話：(07) 2358-702　傳　　真：(07) 2350-236

法律顧問　元貞聯合法律事務所　張澤平律師

出版日期　2009 年 9 月初版一刷

定　　價　新臺幣 320 元